MIRADA MÁGICA

Mirada mágica
Numerología, lectura de rostro, cromoterapia, visión remota

1ª edición. Abril, 2010

D.R. © 2009, Héctor Quijano
D.R. © Ediciones B México, S.A. de C.V.
Bradley 52, Col. Anzures. 11590, México, D.F.
www.edicionesb.com.mx

ISBN: 978-607-480-066-1

Composición: Emilio Romano

*Numerología, lectura de rostro,
cromoterapia, visión remota*

MIRADA MÁGICA

Héctor *Apio* Quijano

EDICIONES B
GRUPO ZETA

Barcelona•Bogotá•Buenos Aires•Caracas•Madrid•México D.F.•Montevideo•Quito•Santiago de Chile

Índice

Agradecimientos

Siempre ha sido una parte complicada para mi llegar a este punto porque podría hacer sólo un libro de puros agradecimientos, ya que son tantos los seres en mi vida a quienes quisiera agradecer por sus enseñanzas e infinidad de historias compartidas.

Sin embargo, acortaré lo mayor posible.

Antes que a nadie quisiera agradecer a Ediciones B y a cada uno de los que sembraron una semilla en este libro, pero en especial a Daniel e Itzel por creer en mí y abrirme las puertas en este nuevo camino lleno de tanto, y también por darle tinta a mis palabras.

Gracias Car (Fitte) por tomarme de la mano siempre, y ahora por llevarme a conocer tu universo, por creer en mí y presentarme con orgullo el mundo donde suceden las historias; te adoro, gracias. Pon, por ver burbujas en mi boca, y por creer en las hadas conmigo por tantos años, y no sólo por creer en ellas, sino porque me enseñaste a verlas; ¿sabes algo?, siempre serás mi mejor amigo.

Jessa, no importa cómo ni de qué forma: siempre *you're wind beneath my wings*, gracias por tu fuerza y tu eterna compañía; no se tiene que dejar un libro, un disco o una película para dejar huella, J.

Gracias a mi familia, porque sin saberlo este fue mi gran secreto con el que los quise sorprender. Ma, por tu eterno e inmenso amor y por sentirte orgullosa de mí como yo de ti; te amo siempre.

Pa, por tu sabiduría y por enseñarme la hermosa profesión de ayudar a los seres humanos.

Heri, por hablarme de la verdad y de un corazón que ama a su manera; fuerte, firme, pero con mucha, mucha verdad.

Lal, por reírnos como lo sabemos hacer, por aquellos, estos y los años que vendrán, juntos siendo Lal y Wis y por ser el hermano mayor que me cuida siempre.

Kika, porque nunca nadie me ha visto con esos ojos como me ves tú. Eres fuerte, amorosa, vulnerable, pero siempre has estado conmigo; gracias, porque sé que si hay alguien en mi vida eres tú. Te amo. Y te adoro por haber traído a esta familia dos angelitos que, al pensar en ellos, es inevitable sonreír; son mi máximo.

Steps, mi mejor amiga; si pudiera agradecerle a la vida por una persona sería por darme a mi hermanita Steps. No sabes cómo me has hecho crecer, reír, soñar y ver la vida con otros colores; teniéndote a ti y una *chai* me basta y me sobra. Bueno, y una comprita. Gracias.

A mi tía Paty por su valentía ante la vida, por las guerras ganadas, y porque sigue de pie entregando lo mejor de ella con la mirada en alto; siempre estaré para ti, tía.

Mali, eres y serás siempre mi retiro espiritual; estando a tu lado mi alma siempre ha descansado. En mi vida admiro a dos personas: a Madonna y a Mali Jaja; de verdad no sé cómo le haces, pero si todavía dudabas de tu misión aquí está tu respuesta: gracias por salvarme.

Jona, por ayudarme a ver un cuarto azul, un cielo azul, pero sobre todo un corazón tan azul como el tuyo, lleno de paz, lleno de ti.

Kabah's, mis otros hermanos, porque nuestra historia sigue y seguirá dejando huella. No importa el rubro, nosotros seguiremos diciéndole al mundo que tenemos mucho que expresar.

A las 12 mujeres que guardan un pedacito de mí, cuídenlo, que algún día nos volveremos a reunir.

A mis amigos no mencionados los tengo siempre en mi mente, y aunque aquí no estén los nombres, gracias a: la Organizadora, Princesa, Yoga, Florista, Cenicienta, Chef, Musicales, Alebrije, Abogada, Diksha, Levra, Bici, Virgen, Boston, Brujas, Trevi, Concha, Collin, Maquillista, Moto, Cheerleader, Psicóloga, Bclu, Pío, 4 dedos, Muere el Amor, Partylite, Mi árbol, los Maricoh, M.J., Tititito, Nimue, Shema, La Madrid, Nacacia, Cancún, Core…

A mis maestros espirituales y a mis maestros terrenales: Marlene por despertarme, Altamirano por encaminarme, Edith por llenar de color mi vida; Dames, Shanto, Marla, Jorge, Lau; gracias a todos los que me han enseñado tanto en toda mi vida.

A mis testimoniales porque nunca pensé recibir una respuesta tan hermosa de todos ustedes; estoy muy agradecido por llenarme de lágrimas cada vez que leo sus mensajes.

Seamos luz y enseñémosle al mundo que la luz es el camino.

A mis pacientes y alumnos por poner su fe y su corazón en mí, creyendo en mí, y recomendándome con todos sus seres queridos; les mando todo mi amor y toda mi energía; siempre "la vida es una obra de teatro y tú eres el protagonista."

A mis fans que no me soltaron la mano aun pasados los años, los caminos, los trabajos; gracias, porque si hay alguien que sabe creer son ustedes, *apiofans;* a las A. Y a todos gracias.

Por último, sin más ni más, a mi Roskaaaaa. ¿Por qué hasta el final? Porque tú eres mi comienzo, tú eres mi mañana, y porque hiciste de este bebé todo un libro.

Gracias por tu paciencia, tu entrega, tus palabras y tu aliento, por consentirme tanto, tanto, y por querer soñar conmigo, mirando hacia un mañana lleno de éxitos como este. Por conocerte.

¡TACUMOOOO!

Y a ti, lector, que leíste hasta aquí, te agradezco siempre y por ello te regalo mi esfuerzo, mi dedicación, mis ilusiones y mi primer hijo. Conócelo y ¡SEAMOS FELICEEEEEES!

Héctor Quijano.
Apio.
Aura-Soma.

Introducción

Hoy nos encontramos frente a un mundo desconocido en todos sus aspectos: climático, económico, político, social y físico; son elementos de una mutación continua en nuestro alrededor. El cuerpo y el espíritu sólo los miran de lejos, sin saber que éstos también son parte del movimiento. Cada uno de nosotros formamos una parte fundamental de la Tierra, no nacimos por una coincidencia, somos un rayo de luz que afecta a todo y a todos, incluyendo las plantas, los animales, el mar y el cielo. Somos Uno con Todo.

Sin embargo, cada vez nos convertimos más en un "tú", un "yo", un "él", y esta perspectiva egoísta impide darnos cuenta de lo verdaderamente grandes y maravillosos que somos y que podemos ser.

Ahora bien, ¿cómo llegar a la verdad, a nuestro centro, y así reconocernos, al tiempo que reconocemos a los demás?

Primero, saber que todo lo que vemos es lo que queremos ver. Hemos dejado de creer en la magia, por lo mismo no la vemos. Ignoramos que todo está hecho de pequeños detalles: el cuerpo, los días y las noches, y todo lo que vemos alrededor ¿Cuántas veces nos detenemos a observarlo; cuántas veces nos detenemos a vernos verdaderamente en un espejo sin juzgarnos, sin hacernos daño; cuántas veces reconocemos las cosas maravillosas que nos han pasado en el día, sin creer que es un día más; cuántas veces amamos al prójimo sin pedir nada a cambio?

Hoy tienes en tus manos este libro que pretende ayudarte a que te detengas un momento, que reconozcas y te diviertas descubriendo esos pequeños detalles tuyos y de tu entorno, y así darte cuenta que todos tenemos mucho que contarnos, que todos tenemos tristezas, pero principalmente descubrir que todos tenemos un solo corazón que nos hace iguales.

A lo largo de estas páginas encontraremos diferentes técnicas que han sido aplicadas por años para conocernos un poco más.

Los números, las letras, los colores y los rostros son elementos con los que vivimos día con día. Simplemente sabemos que existen, pero no nos cuestionamos en qué nos afectan o lo importantes que pueden ser. Desde nuestro número telefónico y por qué siempre existe un número en particular que se repite; por qué siempre queremos vestirnos de negro o azul; o por qué detestamos el naranja; por qué tenemos algún lunar y qué significa, etcétera. En este libro podrás descubrir todo esto, al igual que la verdadera personalidad de todos tus seres queridos, así como conocer nuevos aspectos de otras personas que podrían ser compatibles contigo. Encontrarás ejercicios para relajarte, así como para aumentar tu campo de energía, para protegerte y para conectarte con el universo.

Así, en este libro podrás encontrar las respuestas que tu pensamiento se formula constantemente, quizás sin darte cuenta.

Todo esto que hoy les entrego han sido ejercicios basados en experiencias personales, resultado de mi propio despertar en el contacto con el todo. También se nutre de experiencias adquiridas tras estudiar con grandes personajes expertos en los temas abordados en este libro, por lo que el resultado es un complemento hermoso que se nutre de muchas fuentes.

Antes de empezar a leer, te invito a que pierdas el miedo. Arriésgate, conoce, entrégate, sueña, cree, ama y descubre un mundo nuevo que hoy se encuentra en tus manos.

Numerología

La numerología es el estudio profundo de la esencia, las aptitudes y las emociones, tanto positivas como negativas. Nace aproximadamente 500 años a. C., y a pesar de ser una seudociencia, no deja de ser uno de los principales misterios y descubrimientos en la historia, porque los números están conectados a la vida humana desde nuestro nacimiento: fechas, meses, días, horas, sumas, restas, moléculas, células, etcétera.

Cada número es una caja de secretos que nos puede ayudar a descubrir los acertijos de nuestra vida y personalidad.

Por ahora, nos vamos a enfocar en descifrar los números con los que nacemos, ya que guardan información muy valiosa de nosotros mismos. Primero encontraremos una explicación de las características claves de cada número, que abarcan aspectos tanto positivos como negativos, y más adelante revisaremos tres importantes técnicas para descifrar los números personales, así como la forma en que influyen en nuestra vida.

Número 1. El emprendedor

Aspectos positivos: es líder. Muy enérgico, fuerte, impulsivo, tenaz. El "yo" dominante, inventivo, ambicioso, realista, ágil, solitario, busca proyectos que marquen su vida.

Aspectos negativos: berrinchudo, egoísta, agresivo, enojón, impulsivo, tacaño, melancólico, autodestructivo, pesimista, testarudo, solitario.

Cuerpo y salud: cuerpo fuerte, de musculatura o huesos anchos, mucha fuerza, poca elasticidad, enérgico, sano, probables problemas cardíacos, nervioso, dolores de cabeza y problemas en la piel.

Trabajo: competitivo, buen negociante, empresario, comerciante, comunicólogo, director de cine, político, creativo.

Amor: reservado al momento de entregarse, miedo a que lo lastimen, busca sentirse libre sin ataduras.

Dinero: después del número 8, es el que más produce, por lo mismo se le facilitará conseguir sus propósitos económicos, pero tendrá que aprender a cuidar el dinero porque lo puede perder fácilmente.

Meta: enfrentar el miedo a fracasar, romper estructuras para crearle nuevos caminos a los demás.

Número 2. El conciliador

Aspectos positivos: pasivo, tranquilo, receptivo, amable, noble, sensible, adaptable, pacífico, le gusta seguir a los demás; es el número de la pareja; unifica, sueña, es servicial.

Aspectos negativos: chantajista, víctima, mártir, miedoso, tímido, depresivo, cobarde, celoso, conformista; conflictos con la pareja, emocional, miedo a la muerte, miedo a la enfermedad, problemas de salud. Se llega a olvidar de sí mismo por pensar en los demás.

Cuerpo y salud: tiende a engordar, ya que retiene líquidos fácilmente; le gusta lo dulce, sobre todo el pan; caderas ligeramente anchas; su principal problema se encuentra en el sistema digestivo, mala alimentación.

Trabajo: psicólogo, médico, pediatra, cocinero, artesano, trabajos manuales.

Amor: fiel, entregado, enamorado, detallista, duradero, sabe perdonar.

Dinero: dadivoso, generoso, sabe administrar el dinero sólo cuando hay personas a su cargo o es de su conveniencia, si no es así, le es fácil gastarlo.

Meta: superar los miedos e inseguridades, creer en sí mismo, trabajar su independencia, tomar decisiones y ayudar a que el mundo pueda resolver sus problemas sin pelear.

Número 3. El artista

Aspectos positivos: creativo, artista, amiguero, tiene buen sentido del humor, dinámico, divertido, comunicativo, sociable, vive por tener nuevas experiencias; el número de la familia.

Aspectos negativos: inconstante, exagerado, sin dirección, voluble, irresponsable, desleal, vanidoso, interesado, hipócrita, propenso a adicciones.

Cuerpo y salud: complexión media, un cuerpo fácil para moldear, resistente, abdomen un poco inflamado, pero es sano, ágil, duerme poco, probabilidad de problemas de insomnio, problemas de la vista y hombros.

Trabajo: actor, administrador, conductor, periodista, animador, relaciones públicas; se encontrará en constante movimiento, probablemente trabaje en distintas actividades en su vida, pero siempre será buen trabajador.

Amor: impulsivo, seductor, se fija mucho en la forma de hablar de las otras personas, le gusta la gente divertida, puede ser muy sexual, vanidoso, difícil de atrapar, pero cuando decide estar, se quedará hasta el final, aunque se pueden dar casos de infidelidad.

Dinero: por lo general nace en un hogar que lo puede proveer; despreocupado del dinero por lo mismo, le gusta mucho gastarlo, es caprichoso y le cuesta trabajo ahorrar.

Meta: parte de su misión es enseñar un mundo positivo y divertido a los demás, también usar el lenguaje y la comunicación como medio informativo y divertido, no ser parte de chismes, agresiones o juicios, creer en la palabra, y cómo con ella se pueden lograr todos los sueños.

Número 4. El ordenado

Aspectos positivos: disciplinado, organizado, leal, honesto, constante, perfeccionista, estable, trabajador, mental, práctico, ordenado, analítico, sincero, valiente, con voluntad, cauteloso, puntual.

Aspectos negativos: excesivo, duro, obsesivo, perfeccionista, lineal, susceptible, terco, rencoroso, inflexible, ofensivo, autodestructivo, envidioso, celoso, no le gustan las sorpresas, limitado, piensa mucho en el futuro.

Cuerpo y salud: muy cuadrado, torpe, le gusta mucho lo dulce, de complexión media-robusta, pero fuerte; problemas en sistema digestivo, anemia, y puede caer en trastornos alimenticios como bulimia y anorexia.

Trabajo: se encarga de trabajar en los métodos y el orden; sin embargo, necesita ser valorado y busca la aprobación: es sumamente mental, por lo tanto será un buen arquitecto, químico, administrador, empresario o alto ejecutivo; duradero en sus trabajos, pero siempre buscará la forma de hacer cosas nuevas.

Amor: tímido, retraído, dificultad para expresar lo que siente, un poco frío cuando desconoce, posesivo, fiel y leal.

Dinero: es un punto fundamental en las personas que corresponden a este número, ya que les asusta mucho perder lo que cosechan y se obsesionan por ganar más y más, tratando de encontrar una estabilidad; nunca tendrán problemas de dinero, ya que siempre están buscando la forma de cómo ganarlo.

Meta: trabajar su estrés y aprender a perder el control, soltar los miedos al futuro, buscar el modo de sentirse seguro económicamente, y a los demás enseñarles el sentido de la responsabilidad, la voluntad, el orden, la tenacidad y el respeto al prójimo.

Número 5. El pasional

Aspectos positivos: liberal, atractivo, fiestero, viajero, curioso, aventurero, inquieto, investigador, inteligente, independiente, versátil, constructivo, hábil con las manos, fantasioso, con buen gusto, atrevido.

Aspectos negativos: impaciente, indeciso, intenso, vicioso, infiel, arrogante, vengativo, intolerante, se aburre con facilidad, descontento, con miedo a las enfermedades, inseguro sobre su cuerpo, antagonista, ansioso, inconstante, impuntual, vanidoso.

Cuerpo y salud: super deportista, resistente, con buena complexión, ágil, enérgico, saludable, aunque puede padecer insomnio y problemas de garganta, así como contracturas musculares; debe cuidar el hígado.

Trabajo: meticuloso, competitivo, pulcro, muy creativo, su cuerpo y su mente serán sus mejores instrumentos, no puede estar en una oficina o en espacios cerrados; será un gran deportista, guía de turistas, relaciones públicas, publicista, piloto, diseñador, traductor, cantante o aquellos trabajos que requieran de la habilidad de sus manos.

Amor: entregado, muy pasional, inseguro, dramático, fatalista, infiel, melodramático, soñador, quejumbroso, sexual, romántico.

Dinero: dadivoso, pero sólo cuando siente la necesidad de hacerlo; despreocupado por el dinero, le encantan todos los juguetes (coches, computadoras, *Ipod,* películas, ropa, etcétera); gasta en buenos lugares, restaurantes, spas, clubes, gimnasios; también le gusta el juego y el azar, por ello podría arriesgar su dinero.

Meta: controlar sus impulsos; conocerse a sí mismo sin tratar de convencerse de algo que no es; encontrar estabilidad en su vida y no perseguirla; ayudar al mundo a entender los cambios.

Número 6. La belleza

Aspectos positivos: responsable, artístico, tranquilo, sereno, de belleza física, idealista, confiable, fiel, tierno, busca la armonía, es brujo, cordial, bondadoso, amoroso, tolerante, conectado con la naturaleza, ama a todos los seres vivos.

Aspectos negativos: fatalista, débil, distraído, nervioso, no le gustan las responsabilidades, egoísta, susceptible, manipulador, impreciso, poco objetivo, con mala comunicación, controlador, se decepciona con facilidad, busca sentirse protegido.

Cuerpo y salud: con muy buena elasticidad, mala condición física, poca resistencia, gran bailarín, conoce muy bien su cuerpo, ágil y ligero, hipocondríaco, padece de migrañas y cambios de humor bruscos, tiene miedo a envejecer.

Trabajo: dedicado, humanitario, sensible, buen anfitrión, con muy buena intuición, maestro, cocinero, decorador, consejero, terapeuta, artista, tiene gran necesidad de sanar, instruir y ayudar a la gente, está conectado con el misticismo y el esoterismo.

Amor: es el amor en vida, ya que el número 6 representa el amor, tiene las emociones a flor de piel, sumamente amoroso, cariñoso, tierno, hogareño, fiel, obsesionado, posesivo, muy sentimental; encontrará la forma de tener todo bajo control, tratará de resolver los problemas, aunque habrá momentos en que será mártir.

Dinero: ambicioso, sumamente preocupado por su seguridad económica, poco arriesgado, busca estabilidad, por lo mismo nunca tendrá problemas económicos, sabe ahorrar y administrar muy bien su dinero, puede ser que lo cuide demasiado y eso aparente avaricia, busca a toda costa tener confort y los bienes materiales que cumplan sus necesidades.

Meta: ser responsable de sus propias acciones aceptando sus propios errores y los de los demás, reconocer sus propias debilidades y la necesidad de pedir amor, enseñar al mundo lo importante que es preocuparse por los demás, ayudar a la humanidad siendo solidario, descubrir la belleza dentro de su propia oscuridad.

Número 7. El psíquico

Aspectos positivos: reflexivo, intuitivo, metafísico, solitario, inventivo, estudioso, encantador, pacifista, perfeccionista, protector, seguro de sí mismo, bondadoso, sensato, adaptable, ecuánime, imaginativo, noble, magnético, humilde, místico.

Aspectos negativos: monótono, terco, conformista, poco ambicioso, flojo, de poca iniciativa, huraño, inflexible, sarcástico, reservado, solitario, escapa de su realidad a través del alcohol y las drogas, busca metas inalcanzables.

Cuerpo y salud: tiende a perder el pelo con facilidad, ojeroso, de piel pálida, sus músculos por lo general están tensos, con alguna manía (comerse las uñas, tocarse el pelo, mover las piernas, agarrarse la boca o las manos, etcétera), es nervioso, puede padecer de problemas auditivos o visuales, depresivo, pero con una gran capacidad de autosanarse si logra hacer a un lado la hipocondría.

Trabajo: será una persona que tendrá muchas profesiones antes de saber cuál es su verdadera vocación, trabajará más de adulto y esperará que la vida o su intuición lo sorprendan, buscará el modo de encontrar un trabajo que le permita manejar bien el estrés y vivir de acuerdo con sus tiempos, por lo que puede ser psicólogo, astrólogo, pintor, escultor, arqueólogo, historiador del arte, maestro, filósofo, escritor, poeta, investigador.

Amor: el amor le llega primero por la cabeza antes que por el corazón; es un gran observador, le gusta que su pareja sea muy peculiar, es cariñoso y protector, se preocupa mucho, sincero, romántico; es un bebé grandote.

Dinero: no tendrá mucho dinero pero siempre será suficiente, es dadivoso, detallista, y a la vez puede llegar a ser conformista, tardará en generar el dinero necesario para cumplir sus objetivos.

Meta: trabajar su realidad y tratar de aterrizar sus sueños, encontrar el equilibrio en sus pensamientos sin obligar a los demás a seguir sus creencias, descubrir el psiquismo propio, aceptar el "yo" interno, protegerse de la pereza y del exceso de sueño, no ser tendencioso y ayudar a los demás a encontrar su camino espiritual.

Número 8. El empresario

Aspectos positivos: ejecutivo, autoritario, ambicioso, poderoso, en busca de logros, reconocimiento y éxito, decisivo, inteligente, negociante, independiente, espontáneo, sociable, elocuente, voluntarioso, eficaz, materialista.

Aspectos negativos: mentiroso, vengativo, hipocondríaco, problemático en general, y en especial con el dinero, desordenado, disperso, estresado, materialista, trabajador excesivo, con tendencia a las adicciones, solitario, la vida lo pondrá varias veces entre el amor y la profesión, con miedo al fracaso, intolerante, enojón, demandante.

Cuerpo y salud: cejas tupidas, huesos frágiles, hipocondríaco, tiene un problema con el deporte, es muy extremista: o muy deportista o muy pasivo; vive con mucho estrés, por lo tanto tendrá problemas musculares y estomacales, como hernias, colitis o gastritis; come mucho picante o comida muy salada o ácida, debe cuidar sus riñones.

Trabajo: perseverante y ambicioso, puede tratarse de un gran empresario, banquero, director de empresa, abogado, político, médico, dentista, ganadero o representante artístico.

Amor: es muy común que le guste organizar la vida de los demás, aunque no siempre tenga el tiempo para hacerlo, disfruta estar en pareja, es demasiado sentimental, protector y entusiasta, pero le cuesta trabajo manejar su egoísmo.

Dinero: es el número del trabajo, por lo tanto será muy exitoso, y lo material nunca le faltará, la palabra *éxito* le resonará tremendamente, tiene muy clara su ambición y muchas veces podrá pasar por encima de quien sea para obtener el éxito.

Meta: lograr objetivos terrenales creando estructuras y proyectos que ayuden a evolucionar a los seres humanos; trabajar en soltar la ambición mal dirigida y en la necesidad de querer el poder y el dinero. Asimismo, comprender el fracaso como parte del crecimiento humano.

Número 9. El espiritual

Aspectos positivos: humanitario, instintivo, creativo, optimista, honrado, imparcial, altruista, afectivo, pasional, alegre, generoso, magnético.

Aspectos negativos: cobarde, inseguro, superficial, no cierra ciclos, retarda las cosas, tendencioso, exagerado, quiere ser el centro de atención, desinteresado.

Cuerpo y salud: fuerte, ágil, enérgico, audaz, deportista, excesivo, exagerado, problemas con huesos, problemas de obesidad si no cuida su alimentación, dolores de cabeza.

Trabajo: disciplinado, inteligente, pasional, entregado, obsesivo, se aburre del trabajo si no está a cargo de éste.

Amor: romántico, entregado, pasional, entusiasta, compasivo, generoso, dedicado, sobreprotector, idealista, enamorado, extremista, quiere salvar a los demás.

Dinero: descuidado con el dinero, le gusta la buena vida y, por lo tanto, gasta con facilidad, pero tendrá trabajo con seguridad, lo que compensará sus placeres.

Meta: brindarle al ser humano sanación y amor, pero sin querer ser el salvador y sin resultar perdedor, trabajar en las emociones extremas, así como en los finales y en cerrar círculos, incluyendo la muerte y los duelos por pérdidas.

Número 11

Aspectos positivos: espiritual, servicial, mensajero, sabio; potencia a los demás números.

Aspectos negativos: infantil, potencia lo negativo.

El 11 es un número mágico y muy especial. Lo tomaremos en cuenta siempre que al sumar los dígitos nos dé como resultado este número; cuando esto suceda, se tomará la información del número 11, pero también haremos la suma final (1+1) para obtener la información del número 2.

Cero

Indeterminado, inexistente, estado de no movimiento, de transición, y calma y espera; muerte, vida, desorientado, sin piso; el todo y la nada.

Diamante

Una vez que conocemos las características de cada uno de los números, vamos a revisar algunos métodos muy interesantes de lectura numérica, los cuales nos proporcionan mayor información y más profundidad que la que podríamos conseguir con otras técnicas de numerología. La lectura que se puede obtener a través de los números es de enorme utilidad para el conocimiento de uno mismo.

La técnica del diamante la conocí gracias a mi terapeuta Marlene Resnick. Un día que me encontraba en terapia, como resultado de una plática me compartió este método, el cual me parece simple y fácil de entender, pero, sobre todo, muy útil. Cuando lo apliqué por primera vez, al verificarlo con mi información psíquica, me sorprendió gratamente por lo acertado que fue.

Existen miles de formas que sirven para tu propia numerología, pero la base principal es la misma: sumar los números que corresponden a tu fecha de nacimiento o a tu nombre.

Para la técnica del diamante nos vamos a enfocar en la fecha de nacimiento, considerando día, mes y año.

La manera en que se identifica el número de cada persona a partir de su fecha de nacimiento es a través de la suma de los números que la integran. Veamos la forma de hacerlo. Puedes usar el siguiente ejemplo e ir llenando las casillas en blanco con tus propios datos:

FECHA DE NACIMIENTO:

Ejemplo:
15 de abril de 1977

Mis datos:
08 04 1976

Se suman todos los números que correspondan al día, mes y año de la fecha de nacimiento (los meses se convierten en número, por ejemplo, enero sería el número 01, febrero el 02, marzo el 03, y así consecutivamente).

Ejemplo: **Mis datos:**

$1+5+0+4+1+9+7+7=34$

$08 + 04 + 1 + 9 + 7 + 6$
$= 35$

El número que resulte de la suma se debe reducir a su mínima expresión, hasta quedar en un sólo número.

Ejemplo: **Mis datos:**

$3+4=7$

$3+5=8$

Este número será el primero de tu esquema, al cual llamaremos número mente, que explicaremos más adelante a detalle.

Ejemplo: **Mis datos:**

Mi número mente $=7$ Número mente = 8

Continuamos con la fecha de nacimiento, sólo que en esta ocasión, el día y el mes de tu nacimiento quedarán invertidos, de forma que primero se ubique el número que corresponde al mes y después el día:

Ejemplo: **Mis datos:**

Mes	Día	Año	Mes	Día	Año
04	15	1977	04	08	1976

Y se suman las cantidades por separado:

Ejemplo: **Mis datos:**

Mes	Día	Año	Mes	Día	Año
4	$1+5$	$1+9+7+7=24,$ $2+4=6$	4	8	$1+9+7+6=23$ $2+3=5$
4	6	6			
			4	8	5

Números base

Los números que resulten serán los números base, y a partir de ellos se empieza a formar el diamante.

Al final de este tema encontrarás un espacio para que llenes el diamante con tus propios datos. Así que puedes empezar a hacerlo ahora.

Ejemplo: **Mis datos:**

Coloca tus números base

4   6   6   *en las casillas A, B, C.*

Una vez que se obtienen los números base, podemos empezar a crear nuestro diamante o rombo. Para ello, vamos a sumar los dos primeros números (mes y día):

Ejemplo: **Mis datos:**

$4+6=10$ $A+B=D$

$1+0=1$ $\underline{\quad}+\underline{\quad}=\underline{\quad}$

Este primer número que resulta de la suma se coloca en la parte superior de los números que corresponden al mes y día.

Ejemplo: **Mis datos:**

1   *Coloca este número*

4 + 6   *en la casilla D.*

Después se suma el segundo número de tu línea base (día) con tu tercer número (año):

Ejemplos: **Mis datos:**

1            $6+6=12$ $B+C=E$

4 + 6 + 6 $1+2=3$ $\underline{\quad}+\underline{\quad}=\underline{\quad}$

El número resultante se pone en la parte superior.

Ejemplo:	Mis datos:
1 3	*Coloca este número*
4 + 6 + 6	*en la casilla* E.

Recuerda que es fundamental terminar siempre con un solo dígito.

El siguiente paso consiste en restar los números base de la misma forma que cuando fueron sumados. Esta vez el resultado se pondrá en la parte inferior de los números base (en este caso, no importa que el número resultante sea negativo, siempre se tomará como positivo):

Ejemplo:	Mis datos:
$4-6=-2$	$A-B=F$
$6-6=0$	___ – ___ = ___
	$B-C=G$
	___ – ___ = ___

1		3
+		+
4	6	6
–		–
2		0

Coloca el primer resultado en la casilla F.
Coloca el segundo resultado en la casilla G.

Ahora, los dos números que resultaron al sumar tus números base (en este ejemplo 1 y 3), se vuelven a sumar, y el número que resulte se coloca en la parte superior, creando una forma de pirámide:

Ejemplo:	Mis datos:
$1+3=4$	$D+E=H$
	___ + ___ = ___

	4	
1		3
4	6	6

Coloca el número resultante en la casilla H.

Hacemos lo mismo con los números inferiores, restándolos y creando una pirámide invertida:

Ejemplo: **Mis datos:**

$2 - 0 = 2$ $F - G = I$

                                                ___ – ___ = ___

Se coloca en la parte inferior:

    4

    +

  1   3

  +   +

4 6 6   *Coloca el número resultante en la casilla I.*

 –   –

  2 0

    –

    2

Vamos a sumar tus dos números base que se encuentran en los extremos (izquierda y derecha). El resultado lo pondremos en la parte más alta del diamante, y estos mismos números base los vamos a restar para colocar el resultado en la parte más baja de nuestro diamante:

Ejemplo: **Mis datos:**

$4 + 6 = 10$ $A + C = J$

$1 + 0 = 1$ (se coloca parte superior)   ___ + ___ = ___

$4 - 6 = 2$ (se coloca parte inferior) $A - C = K$

                                                ___ – ___ = ___

     1

 +   4   +

     +

  1   3

  +   +   *Coloca el resultado de la suma en la casilla J.*

(4) 6 (6)   *Coloca el resultado de la resta en la casilla K.*

  2 0

    –

 – 2 –

    2

Una vez terminado el diamante, vamos a colocar en los espacios que se encuentran entre un número y otro, las edades que marcaron los cambios en nuestra vida.

Para sacar estos números necesitaremos el número de partida, y este número es el 36 que está basado en el teorema elemento 1.36 de Pitágoras.

Al número 36 le restamos tu **número mente,** que es el número que resultó de la suma de tu fecha de nacimiento; en el caso del ejemplo es el 7.

Ejemplo:	**Mis datos:**
Primer número edad:	Primer número edad:
36 − 7 = 29	36 − ____ = ____

Este número se colocará entre tus dos primeros números base:

Ejemplo:

4   29   6   6

Mis datos:

Coloca este número en la casilla L.

____   ____   ____   ____   ____

Para sacar el **segundo número edad,** vamos a utilizar el número 9 (éste fue elegido porque 9 es el número de años o nueve números que uno experimenta para entrar en un siguiente proceso), y se lo vamos a sumar al 29, que es el primer número edad:

Ejemplo:	**Mis datos:**
	Segundo número edad:
29 + 9 = 38	____ + 9 = ____

Este número lo colocaremos en el próximo espacio que se encuentra entre los siguientes dos números base:

Ejemplo:

4   29   6   38   6

Mis datos:

Coloca este número en la casilla M.

____   ____   ____   ____   ____

Para sacar el **tercer número edad,** le sumamos 9 al segundo número edad:

Ejemplo:
$38 + 9 = 47$

Mis datos:
Tercer número edad:
____ + ____ = ____

Este número se colocará en la línea superior e inferior de los números base.

Ejemplo:
1 (47) 3
\+   +
4 (29) 6 (38) 6
\-   -
2 (47) 0

Mis datos:

Coloca este número en las casillas N y Ñ.

Para sacar el **cuarto número edad,** sumaremos el tercer número edad con 9, y éste será el último número edad:

Ejemplo:
$47 + 9 = 56$

Mis datos:
Cuarto número edad:
____ + ____ = ____

Este número lo colocaremos antes del último espacio superior e inferior:

Ejemplo:
Primer número edad: 29
Segundo número edad: 38
Tercer número edad: 47
Cuarto número edad: 56

Mis datos:
Primer número edad: ____
Segundo número edad: ____
Tercer número edad: ____
Cuarto número edad: ____

```
        1
      (56)
        4
        +
    1 (47) 3
    +       +
4 (29) 6 (38) 6          Coloca este número en las casillas O y P.
    –       –
    2 (47) 0
        –
        2
      (56)
        2
```

Así terminamos de llenar el diamante o rombo.

Por último, vamos a sacar los números cuerpo y reacción, los cuales son muy fáciles de entender.

El **número cuerpo** es el que se encuentra en el centro de tu diamante, en este caso sería el 6:

Ejemplo:	Mis datos:
4 29 6 38 6	Número cuerpo = B
Número cuerpo = 6	Mi número cuerpo =

Y el **número reacción** es el primero de la línea base del diamante, que en este caso es el 4:

Ejemplo:	Mis datos:
4 29 6 38 6	Número reacción = A
Número reacción: 4	Mi número reacción =

Así queda el trabajo final del ejercicio:

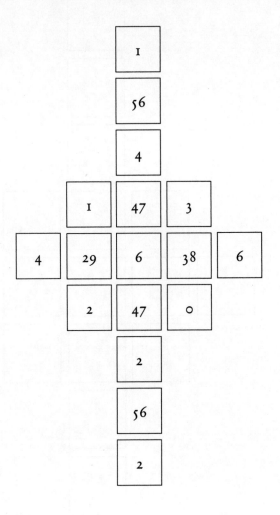

Primer número edad: 29   Número mente: 7
Segundo número edad: 38   Número cuerpo: 6
Tercer número edad: 47   Número reacción: 4
Cuarto número edad: 56

MIS DATOS:

J
O
H
D N E
A L B M C
F Ñ G
I
P
K

Primer número edad: _____
Segundo número edad: _____
Tercer número edad: _____
Cuarto número edad: _____

Número mente: _____
Número cuerpo: _____
Número reacción: _____

Ahora, una vez que hemos construido nuestro esquema, vamos a analizar cada uno de sus componentes.

En primer lugar es muy importante comentar que los números superiores siempre van a ser positivos, por lo tanto, representan triunfos, dones, talentos, regalos, facilidades y logros (darma) que el destino nos regala. Por el contrario, los números inferiores son números negativos, por lo que significan problemas, obstáculos, defectos, miedos (karma) que el destino antepondrá.

Empezaremos con el primer número edad, que en el caso del ejemplo es 29. Significa que hasta esta edad tendremos la primera etapa vivencial, y en ella se encuentra el número positivo, que es el que se localiza en la parte superior del 29, en este caso es el 1, mientras que el número negativo que se encuentra en la parte inferior del 29 es el 2.

Ejemplo:			Mis datos:	
	1		D	(positivo)
4	29	6	A L B	
	2		F	(negativo)

Con base en las definiciones de los números que referimos al inicio de este capítulo, realizamos el análisis de los números resultantes:

NÚMERO 1
Aspectos positivos: hasta los 29 años será una persona que evolucione desde su área dominante, enérgico, líder, ágil, fuerte, tendrá proyectos importantes que marcarán su vida, etcétera.

NÚMERO 2
Aspectos negativos: hasta los 29 años probablemente tendrá problemas de pareja y miedo a equivocarse, verá las cosas con pesimismo y podrá presentar conflictos emocionales.

Continuamos ahora con el siguiente número edad, que en este caso es el 38. Aquí observaremos lo positivo y lo negativo del tiempo transcurrido entre los 29 y 38 años, nuevamente a partir del número superior e inferior del número 38:

Ejemplo:			**Mis datos:**

```
                                E   (positivo)
     3

6    38    6                B   M   C

     0                          G   (negativo)
```

Como hicimos con el primer número edad, realizamos el análisis de estos dos números resultantes.

NÚMERO 3
Aspectos positivos: vivirá una etapa donde empezará a desarrollar su creatividad artística, consolidará una familia o tendrá movimientos como un cambio de casa para vivir su independencia, trabajará su comunicación y su buen sentido del humor.

NÚMERO 0
Aspectos negativos: se encontrará en una etapa sin principio ni final, en la cual probablemente se sienta perdido y busque muchas cosas, pero sin que ninguna resulte clara; desubicado, probablemente sufra una pérdida, ya sea física o emocional.

Partiendo ahora del tercer número de edad, el 47 en el ejemplo, observamos que aparece dos veces. En este caso, tomaremos el número que se encuentra en la parte superior del número 47 que se ubica en la parte alta del diamante, y el número que está en la parte inferior del número 47 que se localiza en la parte de abajo del diamante.

Ejemplo: Mis datos:

                4   [H] (positivo)

         1   47   3   [ ][N][ ]

    4   29   6   38   6   [ ][ ][B][ ][ ]

         2   47   0   [ ][Ñ][ ]

                2   [I] (negativo)

Con estos números, analizamos lo que se vive en la etapa de 38 a 47 años:

NÚMERO 4
Aspectos positivos: la vida le concederá un nuevo orden para organizar su porvenir, le dará claridad y disciplina, pero, sobre todo, una solidez en todos los sentidos, tendrá un trabajo y una vida plena.

NÚMERO 2
Aspectos negativos: problemas con la pareja o nuevamente conflictos emocionales, depresiones.

Finalmente, analizaremos el cuarto número edad, que en el caso del ejemplo es el número 56 y, de la misma manera que en el caso anterior, el número positivo será el que se localiza en la parte de arriba del número superior, y el negativo será el que se encuentra en la parte de abajo del número inferior.

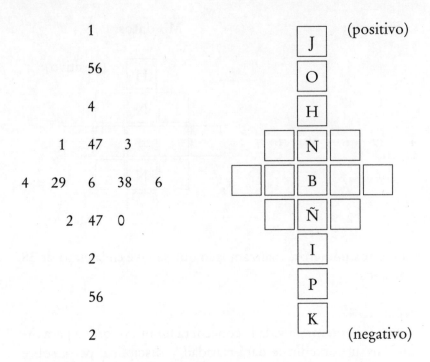

```
1                            J     (positivo)

56                           O

4                            H

    1    47    3             N

4   29   6    38   6         B

    2    47    0             Ñ

    2                        I

    56                       P

    2                        K     (negativo)
```

Así, en el caso del ejemplo, los factores positivos y negativos a partir de los 47 años y hasta los 56, de acuerdo con las características de los números, serían de la siguiente manera:

Número 4
Aspectos positivos: decide nuevamente encontrar una estabilidad, puede ser como un solitario que retoma su "yo" interno y así descubre nuevas oportunidades de vida.

Número 2
Aspectos negativos: nuevamente problemas de pareja o indecisiones emocionales, miedo a la enfermedad o a la muerte.

Una vez que hemos obtenido esta información, vamos a concluir el ejercicio con el análisis del significado de los números mente, cuerpo y reacción.

Número mente: el número mente representa la forma de pensar y de ver la vida. Aquí aplicaremos tanto los aspectos positivos como negativos relacionadas con este número.

Número mente 7
Una persona muy intuitiva, psíquica, perfeccionista, protectora, bondadosa y estudiosa, pero al mismo tiempo terca, reservada, inflexible, etcétera.

Número cuerpo: el número cuerpo representa el estado físico y de salud.

Número cuerpo 6
Buena elasticidad pero mala condición física, probable bailarín.

Número reacción: el primer acto inconsciente, espontáneo, al momento de enfrentarnos a una situación.

Número reacción 4
Preocupado, perfeccionista, analítico, controlador, buscando la belleza en todo y en todos, tranquilo, cordial, educado, optimista.

La espada

En este nuevo esquema, conocido como La espada, descubriremos aspectos de cada persona respecto a los siguientes elementos:

- Esencia
- Personalidad
- Dones o talento
- Defectos o karma
- Metas

Para esto, nuevamente utilizaremos la fecha de nacimiento, en el orden de día, mes y año, y al igual que en el diamante, reduciremos cada número hasta que quede en una sola cifra:

	Ejemplo:		Mis datos:

Ejemplo: **Mis datos:**

15 / 04 / 1977 $1+5=6$ Día   Mes   Año

                     $0+4=4$

6   4   6 $1+9+7+7=6$

Ahora, veamos el formato de la espada en donde vaciaremos la información que vayamos obteniendo con las palabras de cada elemento que se va evaluando:

                 Esencia

                 Personalidad

                 Don o talento

                 Defecto o karma

                 Meta

Procedemos a colocar los números en los espacios que se encuentran en blanco, comenzando con el **número del día de nacimiento** a un lado de la palabra *esencia* (al final del tema encontrarás el espacio para que puedas ir realizando este ejercicio con tus datos personales):

                6 | Esencia

Después colocamos el **número del mes de nacimiento** a un lado de *personalidad:*

                6 | Esencia
                4 | Personalidad

A continuación utilizaremos únicamente los **dos últimos dígitos del año de nacimiento,** los cuales se suman hasta obtener un solo dígito, y el resultado se coloca al lado de las palabras *don o talento:*

1977	6	Esencia
$7+7=14$	4	Personalidad
$4+1=5$	5	Don o talento

Bien, ya podemos sumar la cifra del **año de nacimiento completa,** y colocarla en el área del *defecto o karma:*

1977	6	Esencia
$1+9+7+7=6$	4	Personalidad
	5	Don o talento
	6	Defecto o karma

Para finalizar, agregamos el último número, que resulta de **la suma de todos los números de la fecha de nacimiento,** los cuales se suman hasta obtener un solo dígito, que se coloca al lado de la palabra *meta:*

$1+5+0+4+1+9+7+7=34$	6	Esencia
$3+4=7$	4	Personalidad
	5	Don o talento
	6	Defecto o karma
	7	Meta

¡Perfecto! Ya tenemos el segundo esquema. Ahora practica el mismo procedimiento con tus datos personales e identifica cuáles son tus números de esencia, personalidad, don o talento, defecto o karma y meta, para lo cual puedes utilizar el siguiente esquema:

Mis datos:

	Esencia
	Personalidad
	Don o talento
	Defecto o karma
	Meta

Vamos a revisar qué significa cada uno de los elementos que evaluaremos:

El **número esencia** es el que nos va a hablar del verdadero "yo", es la energía que vive dentro de nosotros.

En el ejercicio resultó el 6 como número de esencia, que significa lo siguiente:

NÚMERO ESENCIA 6
Un brujo que lucha por encontrar la magia y la belleza en todo lo que se encuentra a su alrededor, además, muestra su búsqueda por tener una casa y una familia.

El **número personalidad** es el que nos va describir el carácter que utilizamos en la vida diaria.

En el ejercicio resultó el 4 como número de esencia, que significa lo siguiente:

NÚMERO PERSONALIDAD 4
Perfeccionista, muy observador, disciplinado y siempre cuidando que no se pierda el control.

El **número don o talento** es el que nos habla del regalo, cualidad u herramienta que tendremos a nuestro favor durante toda la vida.

En el ejercicio resultó el 5 como número de esencia, que significa lo siguiente:

NÚMERO DON 5
Será una persona arriesgada y siempre dando frutos, sin problemas de adicción, no busca ser protagonista o especial. Sabe lo que es y no tiene miedo de lo que el mundo le llegue a ofrecer, siempre abrirá los brazos.

El **número defecto o karma,** como su nombre lo dice, es nuestro lado oscuro, será lo que no nos gusta ver de nosotros mismos.
En el ejercicio resultó el 6 como número de esencia, que significa lo siguiente:

NÚMERO DEFECTO 6
Muy aprensivo, fatalista, egoísta, manipulador, una persona obsesionada por tener una vida hermosa, sin fijarse que la vida es hermosa así como es.

El **número meta** es el que nos dice qué tendremos que cumplir o entender de esta vida.
En el ejercicio resultó el 7 como número de esencia, que significa lo siguiente:

NÚMERO META 7
Desarrollar su psiquismo, impulsando por este medio a que la gente se atreva a vivir y entender que existen en el camino mundos más allá de lo que nuestros ojos pueden ver.

Abecedario

Cada una de las letras del abecedario representa un símbolo específico con un significado determinado. Así, las letras que componen el nombre o las iniciales de una persona, le confieren ciertas características de personalidad.

Revisemos cuál es el significado de cada una de las letras, y más adelante veremos cómo aplicar este conocimiento.

A INICIATIVA
Aspectos positivos: energía, intento, verdad, liderazgo, catalizador, aventurero, le gusta el cambio.
Aspectos negativos: turbulencia, flojera, preocupación, enojo, agresivo, desesperado.

B ENTREGA
Aspectos positivos: tranquilidad, calma, entendimiento, asertivo, diplomático, gentil, amoroso.
Aspectos negativos: ira, inaccesible, descontrol, duda, falta de autoestima.

C TRANSFORMACIÓN
Aspectos positivos: tranquilo, pacífico, divertido, creativo, espontáneo, original, artista.
Aspectos negativos: inseguro, inestable emocionalmente, problemas de trabajo, depresivo, ansioso.

D EQUILIBRIO
Aspectos positivos: disciplinado, práctico, brillante, fortaleza, trabajador, responsable, paciente, constante.
Aspectos negativos: protagonismo, envidioso, sentido, inseguro, descontrolado.

E FELICIDAD

Aspectos positivos: ambicioso, sabe resolver, alegre, ingenioso, versátil, aspiracional, flexible, directo, enérgico.
Aspectos negativos: intenso, inestable, adictivo, infiel, impulsivo, no descansa.

F INCERTIDUMBRE

Aspectos positivos: optimista, valiente, entregado, claro de lo que quiere, amiguero, divertido.
Aspectos negativos: individualista, egoísta, convenenciero, mentiroso, crítico, acomplejado.

G ENTREGA

Aspectos positivos: divertido, sincero, paciente, confiable, determinante, el alma de la fiesta, introspectivo, psíquico.
Aspectos negativos: chantajista, déspota, controlador, impaciente, problemas en el trabajo y con la familia.

H REINICIO

Aspectos positivos: soñador, ahorrativo, creativo, todo es posible, exitoso laboralmente, espiritual, lucha por cumplir sus objetivos.
Aspectos negativos: ermitaño, huye de su realidad, lastimero, nunca es suficiente, materialista, metódico.

I LO OCULTO

Aspectos positivos: responsable, luchador, sereno, artista, intuitivo, sensible, intenso, compasivo.
Aspectos negativos: desequilibrado emocional, depresivo, frustrado, juicioso, soberbio.

J NOBLEZA

Aspectos positivos: inteligente, inventivo, trabajador, ambicioso, cauteloso, original, innovador.
Aspectos negativos: egoísta, impositivo, agresivo, chantajista, indeciso.

K ACTIVO

Aspectos positivos: seguro de sí mismo, buen sentido del humor, amiguero, tranquilo, sabio, expresivo.

Aspectos negativos: chismoso, vengativo, iracundo, no perdona, demasiado competitivo.

L CONOCIMIENTO

Aspectos positivos: independiente, servicial, valiente, fuerte, atractivo, amoroso, original.

Aspectos negativos: depresivo, huye de la realidad, pesimista, exigente, autocrítico, exagerado.

M INGENIOSO

Aspectos positivos: idealista, tranquilo, inteligente, estratega, trabajador, protector, servicial.

Aspectos negativos: pasional, celoso, lastimero, autoexigente, limitado, miedo a crecer.

N IMAGINACIÓN

Aspectos positivos: firme, convencido, decisivo, intuitivo, exitoso, interesante, extremista, racional.

Aspectos negativos: vanidoso, irritable, apático, petulante, dependiente de lo que opine la gente.

O INTEGRIDAD

Aspectos positivos: trabajador, detallista, con buen gusto e iniciativa, responsable, generoso, conservador.

Aspectos negativos: vulnerable, inestable, conformista, tacaño, egoísta.

P RETO

Aspectos positivos: magnético, sensual, práctico, misterioso, pensador, analítico, visionario.

Aspectos negativos: extremista, influenciable, solitario, rencoroso, poco determinante, inseguro de su propio poder.

Q PAZ

Aspectos positivos: original, tenaz, líder, auténtico, excéntrico, divertido, atrae dinero.
Aspectos negativos: adictivo, destructor, desidioso, libertino, irresponsable, malo en las relaciones sentimentales.

R INTELIGENCIA

Aspectos positivos: sentimental, simpático, ligero, audaz, humanitario, tolerante, fuerte.
Aspectos negativos: problemas con dinero, inestable, problemático, desleal, nervioso, confundido.

S MAGNETISMO

Aspectos positivos: bello, generoso, tranquilo, entregado, independiente, valiente, ambicioso.
Aspectos negativos: terco, voluble, berrinchudo, indeciso, miedo a la soledad, ambicioso.

T TRABAJO

Aspectos positivos: dadivoso, inteligente, tolerante, amable, pacifista, enamorado, hogareño.
Aspectos negativos: nervioso, apático, evasivo, autodestructivo, espera demasiado de la gente.

U MELANCOLÍA

Aspectos positivos: ingenioso, versátil, ambivalente, talentoso, receptivo, balanceado, creativo.
Aspectos negativos: soberbio, presumido, envidioso, vengativo, se cree menos de lo que es, su creatividad mal aplicada lo puede hacer perder la realidad.

V EFICIENTE

Aspectos positivos: líder, chistoso, seguro de sí mismo, aventurero, logra sus objetivos, práctico, con visión.
Aspectos negativos: agresivo, pesimista, perfeccionista, excesivo, tenso, materialista.

EXTREMO

Aspectos positivos: sensible, pasional, perseverante, bondadoso, persuasivo, hábil verbalmente, confrontativo.

Aspectos negativos: rebelde, avaro, irritable, hipocondríaco, confundido, miedo a vivir intensamente.

 IMPULSO

Aspectos positivos: audaz, jovial, trabajador, estable, responsable, le gusta procurarse, sensual.

Aspectos negativos: problemas en relaciones, posesivo, amargoso, egoísta, dependiente, comprador impulsivo.

 ENTUSIASMO

Aspectos positivos: divertido, artista, entregado, libre, verdadero, amoroso, psíquico.

Aspectos negativos: exagerado, fatalista, cambiante, necio, no se compromete, se siente solo, quiere hacer todo a la vez.

 ACCIÓN

Aspectos positivos: valeroso, perseverante, evolutivo, mensajero, dinámico, ejecutivo, luchón.

Aspectos negativos: precipitado, ambicioso, desmedido, miedoso, flojo, crisis emocionales, exagerado, excesivo.

Éstas son las características más importantes que describen a cada letra. Una vez que conocemos su significado, entonces podemos identificar las cualidades de cada persona, tomando como base las iniciales del nombre completo.

Con esta información podremos entender las razones por las cuales hacemos conexión o rechazamos nuestro nombre, o por qué en algunas ocasiones y por una extraña razón, decidimos cambiar nuestro nombre o invertir el orden de los apellidos, así como tener apodos o utilizar artículos antes del nombre o el apodo para fortalecerlo. Veamos como ejemplo el caso de mi nombre.

Héctor Fernando Quijano Tapia
H = Reinicio F = Incertidumbre Q = Paz T = Trabajo

Éste sería el significado de las iniciales de mi nombre completo. Sin embargo, en mi caso, la vida me puso un apodo: *Apio*. Este apodo ha sido con el que siempre me he identificado. Por lo tanto, mi nombre quedaría de esta forma:

Apio Quijano
A = Iniciativa Q = Paz

Pero, por lo general, para identificarme y nombrarme no es muy común que se utilice mi apellido, pero sí un artículo antes de mi apodo, así que todos me conocen como *El Apio*.

El Apio
E = Felicidad A = Iniciativa

Ahora practica el mismo ejercicio con tu nombre completo o, si es tu caso, con tu apodo, e identifica la forma en que tu nombre influye en tu personalidad.

Cruz del nombre

Pasemos ahora a aprender un excelente método para descubrir otras áreas de nuestra personalidad, principalmente energías que heredamos de los padres. Este método se conoce como La rueda.

A cada letra del abecedario le corresponde un número, como vemos en el siguiente esquema. Lo que vamos a hacer es determinar cuál es el número de nuestro nombre completo, el cual debe estar compuesto por el nombre o nombres, apellido paterno y materno.

1	2	3	4	5	6	7	8	9
A	B	C	D	E	F	G	H	I
J	K	L	M	N/Ñ	O	P	Q	R
S	T	U	V	W	X	Y	Z	

Todo lo que tenemos que hacer es una sencilla suma de las letras del nombre. Veamos un ejemplo de cómo se haría el cálculo (al final del tema encontrarás un espacio para que practiques este ejercicio con tus propios datos):

HÉCTOR FERNANDO QUIJANO TAPIA

Vamos a encontrar los números de las letras del nombre y sumarlos, para colocarlos en el primer espacio de la cruz:

HÉCTOR $8+5+3+2+6+9=33$

FERNANDO $6+5+9+5+1+5+4+6=41$

Y reducimos el número a una sola cifra:

$33 = 3+3 = 6$
$6+5 = 11$
$1+1 = 2$

$41 = 4+1 = 5$

Vamos a formar una cruz, y colocamos el primer número resultante en el cuadrante superior izquierdo.

Y hacemos lo mismo con el apellido paterno y el apellido materno:

QUIJANO

$8+3+9+1+1+5+6=33$

$3+3=6$

Este resultado del apellido materno se acomoda en el espacio superior derecho:

$$2 \mid 6$$

Y continuamos con el segundo apellido:

TAPIA

$2+1+7+9+1=20$

$2+0=2$

Este dato se coloca en el cuadrante inferior izquierdo:

$$2 \mid 6$$
$$2$$

El último cuadrante se llena con la suma de los tres números anteriores:

$2+6+2=10$

$1+0=1$

Y se acomoda en el último espacio:

$$\begin{array}{c|c} 2 & 6 \\ \hline 2 & 1 \end{array}$$

Una vez que completamos los cuadrantes con los números derivados de nuestro nombre, vamos a definir el significado de cada espacio.

$$\text{Influyente} \quad \begin{array}{c|c} 2 & 6 \\ \hline 2 & 1 \end{array} \quad \text{Padre}$$

Madre   Elección

El **influyente** es el número que inevitablemente mueve nuestra vida, por lo tanto a tu alrededor, habrá personas que su nombre corresponda a este número, quienes nos moverán, serán retos en nuestra vida y representarán algo kármico.

El **padre** es la característica principal que nuestro padre nos hereda, por lo tanto, es el número que nos conecta directamente con él.

La **madre** es la característica principal que heredamos de la madre, por lo tanto, es el número que nos conecta directamente con ella.

El número de **elección** muestra la personalidad que decidimos adquirir de manera personal en la vida, así que aunque tengamos números distintos en los esquemas esencia y personalidad del ejercicio espada, este número es el que nos gobierna.

RECOMENDACIÓN: para todos aquellos que tenemos apodos tan arraigados como es mi caso, en lugar de poner el nombre o nombres reales, vamos a utilizar el apodo, lo que probablemente dará resultados muy diferentes, pero mucho más afines con la verdadera personalidad.

Para comprenderlo mejor, vamos a continuar con el análisis del ejercicio anterior.

El número **influyente,** en este caso, es el número 2, por lo que cualquier persona que tenga un dos en el ejercicio anterior (La espada), ya sea en esencia, personalidad o don, tendrá las características del 2, que corresponde a alguien sensible, maternal, consentidor, tranquilo y adaptable, y podrá influir de una forma importante en esta persona.

El número del **padre** es prácticamente lo que nuestro padre energéticamente nos heredó, ya sean características positivas o negativas. En este caso es el número 6, lo que significa que de mi padre heredé lo tierno, amoroso, responsable, lo brujo, pero también lo egoísta y manipulador, entre otras características.

La **madre,** al igual que el padre, nos hereda su vibración energética, la cual se convierte en emociones y en formas de enfrentar la vida. En mi caso, mi madre me heredó el número 2, lo que me hace sensible, maternal, receptor, amable, preocupado por mi gente, pero también chantajista, enfermizo y mártir.

Por último, encontramos que el número **elección,** que es la vibración de ese número con la que nos llegamos a identificar más y, aunque no nos aparezca ese número en los ejercicios anteriores, estamos eligiendo ese número porque es con el que más nos identificamos. En este caso es el 1, lo que me convierte en una persona dominante, enérgica, líder, guerrera, luchona, pero también impulsiva solitaria, testaruda y berrinchuda.

Para terminar este capítulo, quiero comentar que a pesar de lo sorprendente que pueden llegar a ser los resultados, cuando nos volvemos conscientes de nuestras actitudes, emociones, defectos o etapas vivenciales, que no nos gustan o no nos gustaría vivir, todo se puede modificar. No hay que preocuparnos, y mejor busquemos el modo de mejorarlo o resolverlo, y eso hará el gran cambio.

RECOMENDACIÓN: se pueden hacer estos ejercicios con los números de los seres queridos y hacer una evaluación para identificar qué se tiene en común y cómo se pueden ayudar mutuamente.

Ejercicio de Cruz del nombre

1	2	3	4	5	6	7	8	9
A	B	C	D	E	F	G	H	I
J	K	L	M	N/Ñ	O	P	Q	R
S	T	U	V	W	X	Y	Z	

Procedimiento. De acuerdo con la tabla:

Sacar el número del nombre, nombres o apodo, y colocarlo en el cuadrante que corresponde al número influyente.

Sacar el número del apellido paterno y colocarlo en el cuadrante que corresponde al número padre.

Sacar el número del apellido materno, y colocarlo en el cuadrante que corresponde al número madre.

Sumar los tres números resultantes y colocar el resultado en el cuadrante que corresponde al número elección.

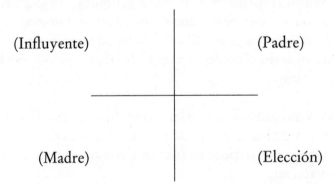

(Influyente)   (Padre)

(Madre)   (Elección)

Color

El color está dentro del espectro luminoso, por lo tanto, es una energía vibratoria, y dependiendo de su longitud de onda, el lente ocular puede percibir los diversos colores, los cuales producen más y diferentes sensaciones de las que normalmente somos conscientes, afectando las emociones, el cuerpo físico, la mente y la espiritualidad.

En este capítulo vamos a revisar las diferentes características de cada color, así como la manera que influyen en los seres humanos.

Los colores principales se dividen en tres tipos:

- Primarios (rojo, amarillo, azul).
- Secundarios (naranja, verde, violeta).
- Mezclas subordinadas (rosa, gris, marrón).

También están el blanco y el negro, los cuales siempre han estado en la lucha por ser colores, al igual que el dorado y el plateado, que generalmente son ignorados, así que de esta manera tenemos trece colores, que son independientes y ninguno puede sustituirse.

Cada color afecta de una forma particular en la vida diaria, vestimenta, alimento, decoración, salud y hasta en los estados de ánimo. Es por ello que entendiendo el significado de cada color en cada uno de estos ámbitos podremos descifrar gran parte de nuestra personalidad.

Descripciones generales

Complementario: el color que se encuentra opuesto en la rueda cromática o círculo del color.

Análogo: aquellos encontrados en ambos lados del color en la rueda cromática.

Monocromáticos: aquellos que tienen el mismo tinte o color, pero con diferente matiz.

Acromáticos: los que no se encuentran en la rueda cromática.

Alma: la esencia y descripción del color, así como sus características principales, tanto positivas como negativas.

Equilibrio: la palabra que simboliza al color llevándolo a un estado armónico.

Personalidad: reconocer qué color corresponde a cada persona, con base en las descripciones de cada uno de ellos y en el test del color que se encuentra al final de este capítulo.

Cuerpo: en el cuerpo se encuentran centros energéticos (chacras) enfocados a generar y administrar energía para mandarla a los diferentes estados del ser (mental, físico, espiritual y emocional). Cada uno de estos centros está formado por longitudes de onda (color), los cuales se especializan en sanar determinadas áreas del cuerpo y del ser.

Afirmación: frase que genera cada color.

Salud: en qué forma puede beneficiar o perjudicar cada color al cuerpo.

Alimento: según el color, los alimentos tienen diferentes características nutricionales, que pueden beneficiar o dañar al organismo.

Vestimenta: podremos conocer el porqué de las elecciones diarias del color en la vestimenta, así como la obsesión por algún color en específico, y el modo de usarlo, creando combinaciones armónicas.

Necesidad: cuando necesitamos de sobremanera determinado color es porque tenemos ausencia de éste.

Primera opción: combinarlo del modo más adecuado para crear un efecto armónico.

Decoración: entender los efectos reales del color en el entorno y crear conciencia de ellos para poder aplicarlos a nuestro favor.

Meditación: es un método para equilibrar nuestros colores y fortalecerlos, y así evitar problemas físicos, emocionales, mentales o espirituales.

Rueda cromática
(Ver apartado de color página 8)

ROJO
Existen 105 tonos de rojo.

Complementario: verde.

Monocromático: rosa, rojo vino, salmón.

Análogo: naranja.

Acromático: blanco, negro y gris.

Alma: fuego, sangre, peligro, guerra, energía, fuerza, pasión, deseo, amor, determinación, acción, poder, ira, intensidad, control, dinamismo, lo prohibido, sexo.

Equilibrio: inicio.

Personalidad: es enérgico, fuerte, intenso, agresivo, pasional, colérico, explosivo, luchador o tenaz, siempre quiere ser el primero, el mejor, competitivo, excesivo,ególatra, líder, entregado, vivo, altanero, enojón.

Cuerpo: el chacra base, que se encuentra en el perineo, y es el que nos arraiga, nos conecta con el "yo", con la familia, con la tierra, con el enojo y el coraje.

Afirmación: "Yo soy, yo tengo".

Negación: "Me molesta".

Salud: ayuda a la circulación sanguínea y resfriados, estimula la energía liberando el cansancio, la pereza y también disminuye el dolor en las articulaciones y músculos.

Alimentación: promueve fuerza y vitalidad proporcionando energía, aunque hay ciertos alimentos rojos que pueden sobre estimularnos. Si comemos este tipo de alimentos en exceso existe el riesgo de estar más excitados de lo normal, tener mal temperamento, volverse impacientes, se puede hacer difícil estar bien en el trabajo por la ansiedad y el estrés que provocan. La solución es encontrar un balance, agregando en la comida alimentos amarillos y verdes.

Ejemplo de comida roja: manzana, pimiento, fresas, cerezas, frambuesas, jitomate, sandía, carne, hígado, rábanos, granada, chile, etcétera.

Vestimenta: indica pasión, valentía, liderazgo, sensualidad, erotismo.

Como necesidad: falta de energía, letargo, frustración, una vida rutinaria. Se recomienda hacer ejercicio, cambiar régimen de sueño y hasta la dieta. De igual forma, el usar este color va a ayudar a conseguir aquello que no estamos obteniendo.

Primera opción: para equilibrar, complementarlo con amarillo o blanco, o bien se puede usar su complementario, el verde.

Decoración: estimula la conversación y el debate. Ocasiona que las personas se sientan vivas, crea un espacio activo perfecto para las áreas donde hay movimiento, y hace cálidos o hasta calientes los espacios. Para crear una mezcla magnética lo puedes complementar con lavanda, turquesa, azul y oro.

Meditación:
- *Objetivo:* fortalece el rojo interno.
- *Música:* sonidos densos, pesados (tambores, batería, bajo).
- *Velas:* rojas.
- *Procedimiento:* cierra los ojos y visualiza que te encuentras dentro de una esfera roja que empieza a girar rápidamente

por aproximadamente 10 minutos, hasta sentir cómo una energía calorífica va recorriendo tu cuerpo. Este ejercicio lo puedes hacer sentado, pero de preferencia parado, dejando que el sonido y el movimiento entre por todo tu ser.
- *Duración:* 15 minutos.

NARANJA
Existen 45 tonos de naranja.

Complementario: azul.

Monocromático: durazno, ladrillo.

Análogo: amarillo, dorado, café.

Acromático: gris y blanco.

Alma: energía, vitalidad, estimulante, brillante, vigorizante, crítico, caliente, exótico, encuentro con uno mismo, diversión, llamativo, social, *shock,* transformación.

Equilibrio: placer.

Personalidad: enérgico, alegre, hiperactivo, intenso, entregado, exótico, exagerado, quiere ser el centro de atención, amiguero, le encanta el placer, liberal, sexual, muy cambiante, extremista, propositivo, seguro de sí mismo, incontrolado, adicto, deportista.

Cuerpo: es el chacra sacral, entre genitales y ombligo, promueve la fertilidad, acción, placer, sexo, transformación, trabaja el *shock* y el sentido del humor.

Afirmación: "Yo quiero o deseo".

Negación: "No estoy satisfecho".

Salud: gobierna el estómago y el sistema reproductor. Por ser un color calorífico, aumenta la temperatura del cuerpo, por lo tanto, en tiempos de frío ayuda a mantener la temperatura corporal.

Alimentación: ayuda a la fertilidad, a la confianza en uno mismo y la sociabilidad. Incrementa la libido y da un estado de plenitud.

Ejemplos de comida naranja: zanahoria, durazno, calabaza, papa, melón, camote, chabacano, etcétera.

Vestimenta: es extrovertido, enérgico, aventurado, lleno de ideas y arriesgado.

Como necesidad: necesita ímpetu, sanar enfermedad, se siente atrapado, frustrado, apagado. Por lo tanto, hace cosas recreativas, como visitar amigos o practicar algún deporte, "divertirse".

Primera opción: combina con amarillo o blanco. Evitar el rojo si no se quiere agresión.

Decoración: abre el apetito, calienta el espacio, estimula el movimiento y el ejercicio físico, la libido y el entusiasmo. Para crear una mezcla magnética se puede complementar con índigo, azul y gris.

Meditación:
- *Objetivo:* fortalece el naranja interno.
- *Música:* sonidos densos, pesados pero con un toque divertido (tambores, batería, guitarra).
- *Velas:* naranjas.
- *Procedimiento:* cierra los ojos y visualiza que te encuentras dentro de una esfera naranja que gira rápidamente; después de unos minutos visualiza una llama de fuego frente a ti que va creciendo. Mientras la esfera naranja gira, deja que el movimiento del fuego haga mover tu cuerpo, puedes hacerlo sentado o parado.
- *Duración:* 15 minutos.

AMARILLO
Existen 115 tonos de amarillo.

Complementario: violeta.

Monocromático: mostaza, amarillo pálido, crema, arena.

Análogo: verde limón, militar, verde menta.

Acromático: gris, café, negro y blanco.

Alma: poder, logros, objetivo, felicidad, autoestima, claridad, lucidez, inteligencia, análisis, lógica, alegría, contradictorio, amable, optimista, entendimiento, advertencia.

Equilibrio: poder personal.

Personalidad: alegre, divertido, soñador, fantasioso, fatalista, vive en un cuento de hadas, vive en una no-realidad, imaginativo, creativo, bailarín, posesivo, elástico, buen sentido del humor, amiguero, optimista, todo es posible, loco, berrinchudo, se aburre fácilmente, testarudo, vengativo, malicioso, obsesivo, sensible, miedoso.

Cuerpo: se encuentra en el plexo solar, que se localiza en el área del estómago. Representa vitalidad y poder personal, transforma la esperanza y aspiraciones en realidades.

Afirmación: "Yo puedo".

Negación: "No soy feliz".

Salud: ayuda al sistema nervioso y digestivo, además, mantiene la energía vital sana.

Alimentación: da claridad al pensamiento, eleva la autoestima, mejora la memoria y el pensamiento, induce un estado positivo.

Ejemplos de comida amarilla: plátano, mantequilla, arroz, granos, elote, lima, piña, mango, germinado, etcétera.

Vestimenta: seguridad en uno mismo, alegría, inteligencia, gusta de los retos, positivo.

Como necesidad: Etapa melancólica, tristeza, indecisión, presión con los retos que la vida pone, necesidad de tiempo o apoyo.

Primera opción: combina con blanco.

Decoración: nos sugiere luz solar, por lo tanto es optimista e ilumina los espacios. También ayuda en la actividad mental, el análisis y el pensamiento, da una buena bienvenida. Para crear una mezcla magnética se puede complementar con violeta, lavanda, azul y verde.

Meditación:
- *Objetivo:* fortalece el amarillo interno.
- *Música:* divertida, alegre (percusiones, teclado, guitarra).
- *Velas:* amarillas.
- *Procedimiento:* cierra los ojos y visualiza que te encuentras dentro de una esfera amarilla que gira rápidamente; después de unos minutos visualiza luz a tu alrededor que poco a poco te va transformando en un sol luminoso. Ahora deja que con los ritmos de la música tu cuerpo baile alegremente, puedes hacerlo sentado o parado.
- *Duración:* 15 minutos.

VERDE
Existen 100 tonos de verde.

Complementario: rojo.

Monocromático: verde, menta, limón, botella, esmeralda, oliva.

Análogo: azul, turquesa.

Acromático: gris, blanco.

Alma: tranquilidad, armonía, esperanza, fertilidad, envidia, resentimiento, naturaleza, crecimiento, veneno, natural, fresco, funcional, vida y muerte.

Equilibrio: verdad.

Personalidad: equilibrado, centrado, callado, observador, sincero, creativo, mediador, abierto, congruente, noble, conciliador, psicólogo, amigo, víctima, idealista, envidioso, amargado, exitoso o fracasado, confundido, nervioso, falta de personalidad, fácil, accesible, simple, destructivo, sorpresivo, impulsivo, íntegro, determinante, flexible.

Cuerpo: el chacra del corazón, que está situado en el centro del pecho. Actúa como un puente entre lo físico y lo espiritual, incrementa el poder del amor, la empatía con los demás y la compasión.

Afirmación: "Yo amo y me amo".

Negación: "Yo no me quiero, nadie me quiere".

Salud: restaura la energía que regula el corazón y la presión sanguínea, sana los pulmones y el pecho, al igual que remueve las toxinas del sistema.

Alimentación: es el balance del perdón y del amor, por lo tanto ayuda al corazón. Es depurativo, desintoxica, tiene buenos efectos sobre la presión sanguínea y los ácidos del estómago.
   Ejemplos de comida verde: brócoli, chícharo, lechuga, aguacate, pimiento verde, manzana verde, limón, kiwi, uvas verdes, etcétera.

RECOMENDACIÓN: después de un *shock*, accidente o mareo, comer manzana verde, pues regula el estado físico-emocional.

Vestimenta: da calma, diplomacia, observador, pacífico, abierto, cauteloso cuando es necesario, vivo pero necesita descansar, está presionado.

Como necesidad: busca cambios, busca lugares donde pueda rodearse de naturaleza y aclarar sus ideas.

Primera opción: combinarlo con turquesa.

Decoración: está asociado con la naturaleza, nos da fuerza, nos mantiene arraigados, transmite calma espiritual y compasión. Los tonos oscuros generan un oasis espiritual, generosidad y entendimiento. Combinar con magenta para avivar el espacio, con violeta estimula el pensamiento.

Meditación:
- *Objetivo:* fortalece la energía verde y la energía del corazón.
- *Música:* sonidos naturales como la lluvia, el mar, el viento, grillos, etcétera.
- *Procedimiento:* siéntate cómodamente en el suelo haciendo respiraciones profundas, inhalando por la nariz y exhalando por la boca, ve relajando todo tu cuerpo empezando por los pies y terminando con la cabeza. Cuando todo tu cuerpo se encuentre en una relajación completa, visualiza un campo verde, fresco y húmedo, y al inhalar esa frescura, tu cuerpo se va poniendo de un color verdoso. Una vez que todo tu cuerpo está lleno de un verde brillante, empiezas a darte cuenta de que de tu pecho empiezan a salir raíces verdes que se meten en la tierra, y la tierra fresca le empieza a mandar energía viva del universo, poco a poco vas sintiendo cómo tu cuerpo se fortalece, y cuando sientas que tu cuerpo se ha cargado de energía, inhala profundo y al momento de exhalar abre tus ojos.
- *Duración:* 25 minutos.

Azul

Existen 111 tonos de azul.

Complementario: naranja.

Monocromático: azul marino, azul cielo, turquesa.

Análogo: índigo o violeta.

Acromático: blanco, negro, gris.

Alma: estabilidad, profundidad, lealtad, confianza, fe, calma, tranquilidad, paz, suavidad, creatividad.

Equilibrio: paz.

Personalidad: sensible, leal, enamorado, creativo, vulnerable, artista, solitario, poeta, filósofo, inteligente, depresivo, flojo, triste, espectador, no le gusta ser el punto de atención, fatalista, gusta del drama, soñador, le gusta lo imposible, preguntón, sincero, leal, honesto, buen amigo, consejero, entregado, frágil, imaginativo, sereno, confundido.

Cuerpo: el chacra de la garganta, que se ubica en la garganta y cuello. Brinda comunicación, escuchar y hablar con verdad, clariaudencia.

Afirmación: "Yo hablo".

Negación: "No puedo expresar lo que siento".

Salud: controla el sistema respiratorio, enfría el cuerpo y también se utiliza para tratamientos de la tiroides, fiebre, garganta y boca. Restaura el estado de paz y calma.

Alimentación: por ser más frío que estimulante, libera la ansiedad, confusión, relaja y permite respirar de una mejor forma.

Disminuye el ritmo para estar en paz. *Ejemplos de comida azul:* zarzamoras, moras, pescado, hongos, ciruela negra, pasas, aceite de olivo, etcétera.

Vestimenta: sinceridad, sensibilidad, creatividad, confiabilidad, decisión, responsabilidad.

Como necesidad: necesita paz, decisión, creatividad, intuición, por lo tanto trata de hacer cosas creativas, como pintar, escribir, etcétera.

Primera opción: combina con blanco y turquesa (esta combinación mejora la salud).

Decoración: promueve el descanso, libera el estrés mental y muscular, relaja y regula la respiración, previene pesadillas e insomnio, también refresca, enfría y expande los espacios. Si se complementa con verde, refresca, calma y relaja; con azul pálido, morado y café da una energía única de confort; mientras que con amarillo eleva el espíritu.

Meditación:
- *Objetivo:* fortalece el azul interno.
- *Música:* tranquila, pacífica de preferencia con sonidos del mar, lluvia o agua.
- *Velas:* azules.
- *Procedimiento:* cierra los ojos y visualiza que te encuentras dentro de una esfera azul que gira lentamente; después de unos minutos visualiza que te encuentras en un espacio con agua, ya sea en el mar, bajo la lluvia, en un lago o un río, y deja que tu cuerpo se relaje con la música y el movimiento del agua; puedes hacerlo sentado o acostado.
- *Duración:* 15 minutos.

VIOLETA
Existen 41 tonos de violeta.

Complementario: amarillo.

Monocromático: lila, uva.

Análogo: morado, púrpura.

Acromático: gris, negro, blanco.

Alma: la magia, el psiquismo, transformación, duelo, luto, soledad, misterio, extravagante, singular, esotérico, homosexual, ambiguo, frívolo, penetrante, vanidad, sabiduría espiritual, conciencia.

Equilibrio: transformación.

Personalidad: espiritual, misterioso, cambiante, presumido, pretensioso, hábil mentalmente, intuitivo, solitario, religioso, inseguro, depresivo, claro con lo que quiere, atractivo, humanitario, comprensivo, libre o dependiente, sensible, impositivo, maestro, auténtico, vanidoso, perfeccionista, psíquico, sanador, petulante.

Cuerpo: su chacra es la corona, que se encuentra en la parte superior de la cabeza, nos conecta con la conciencia infinita, con la energía universal y nos expande para ser parte de un todo. Nos conecta con el hemisferio derecho del cerebro (lado femenino).

Afirmación: "Yo sé. Yo creo".

Negación: "No tengo fe. No creo en Dios".

Salud: relaja el sistema nervioso y cerebro, ayuda a alejar obsesiones y nervios, trabaja en preocupaciones y traumas, así como para curar alergias y quemaduras.

Alimentación: libera el exceso del rojo en el cuerpo, refrescándolo, también equilibra el azul y el rojo, previene insomnio y ayuda al sistema nervioso. Algunos ejemplos de comida violeta: higo, dátiles, ciruela, cebolla morada, col morada, berenjena, brócoli morado.

Vestimenta: significa psiquismo, sensibilidad, espiritualidad, intuición.

Necesidad: se siente perdido, inútil, confundido, abandonado, solo, triste por una pérdida, luto, duelo. Busca estar tranquilo y en compañía de sus seres queridos, encontrar su alegría.

Primera opción: combina con blanco. Evitar el azul, ya que se puede sentir triste.

Decoración: promueve espiritualidad, silencio, calma, relajación, meditación. Te conecta contigo mismo, quita la rutina, trae misterio combinado con morado. Con azul, enfría y expande el espacio, también, reduce la ansiedad y la claustrofobia. Con verde o magenta hace un espacio sensual al igual que con rojo.

Meditación:
- *Objetivo:* fortalece el color violeta y séptimo chacra.
- *Música:* de preferencia evita todos los sonidos.
- *Velas:* moradas o lilas.
- *Procedimiento:* siéntate de una forma cómoda con la espalda derecha, cierra los ojos, respira profundo haciendo 10 inhalaciones y 10 exhalaciones. Después retoma tu respiración normal y visualiza cómo del espacio cae un rayo de luz violeta que entra por tu cabeza y desciende recorriendo todo tu cuerpo. Mientras que toca tu frente, sientes cómo tu tercer ojo, que se encuentra entre tus cejas un dedo arriba, empieza a despertar, y de pronto sientes cómo tu cuerpo se hace con el tiempo más sensible, agudizando todos tus sentidos, escuchas más nítido, tu saliva es más dulce, tu olfato percibe hasta los aromas más lejanos, etcétera. Después de un rato, una vez que tu cuerpo se haya acostumbrado al color violeta, in-

halas tres veces y en la tercera exhalación abres tus ojos lentamente, mientras que tu cuerpo va reconociendo el espacio.
- *Duración:* 20 minutos.

GRIS
Existen 65 tonos de gris.

Alma: pasado, vejez, barato, modesto, frío, aburrido, olvidado, confundido, serio, neutro, fácil, invernal, sin fuerza, sucio, conformista, adaptable, independiente, inquieto, imperfecto, culpa.

Equilibrio: adaptabilidad.

Personalidad: rutinario, estable, sereno, optimista, pesimista, aburrido, elegante, maduro, serio, complicado, testarudo, codo, simple, individualista, trabajador, paciente, disciplinado, sincero, elocuente, inteligente, estratega, obsesivo, ahorrativo, visionario.

Salud: ni ayuda ni perjudica, sólo puede bajar la energía física.

Vestimenta: es serio, elemental, analítico, cómodo, fácil, trabajador.

Necesidad: triste, confundido, cansado, presionado, falta de dinero, preocupado, indeciso, busca estabilidad, reconocimiento.

Primera opción: es importante combinarlo con colores primarios y secundarios, para no bajar la energía física y emocional. Por lo tanto, se puede combinar con todos los colores y, al combinarlo, el otro color será el predominante.

Decoración: da toques de elegancia y serenidad, conocimiento. La mejor forma de combinar grises es con colores pastel, rosa, verde, naranja, amarillo, lila, blanco. Sin embargo, no hay que usarlo con negro o café, ya que expresan suciedad y negatividad.

Blanco
Existen 67 tonos de blanco.

Alma: espíritu, inocencia, pureza, el bien, la perfección, limpio, minimalista, vacío, libera, clarifica, fresco, seguro.

Equilibrio: pureza.

Personalidad: imaginativo, espiritual, inteligente, amoroso, sanador, exagerado, perfeccionista, pulcro, obsesivo, positivo, falta de autoestima, amable, noble, piensa siempre en los demás antes que en sí mismo, chantajista, desubicado, enfermizo, ordenado, paciente, siempre tiene algo que hacer, busca reconocimiento, miedo al fracaso, sincero, protector.

Salud: purifica los pensamientos, promueve la calma, restaura el espíritu.

Alimentación: por lo general es asociado con los productos lácteos y la reducción de peso. En este sentido ayuda a los huesos aportando calcio. Entre los alimentos que pertenecen a esta categoría están el huevo, la leche o la crema, también, el agua podría entrar dentro de los alimentos blancos.

Vestimenta: está enfocado en la perfección, optimista y siempre mirando hacia lo que viene, independiente y seguro de sí mismo.

Necesidad: cargas, culpa, lágrimas reprimidas, no se reconocen los colores en uno mismo. Es combinable con todos los colores.

Primera opción: es combinable con cualquier color, aunque puede palidecer la piel, así como resaltar imperfecciones.

Decoración: sugiere un ambiente fresco que limpia y expande, libera, neutraliza, limpia.

Ideal para clarificar las ideas, para encontrar silencio interno, expone, delata.

Meditación:
- *Objetivo:* fortalece el espíritu y el sistema inmunológico.
- *Música:* la música que más te guste, de preferencia sin voces.
- *Procedimiento:* recuéstate y cierra los ojos, inhala profundo, deja el oxígeno en tu cuerpo por cinco segundos y luego lo liberas, repítelo diez veces. Después visualiza que te encuentras al aire libre, y observas el cielo lleno de nubes blancas, de pronto empieza a caer una lluvia que moja tu cuerpo, y al tocar tu piel todo tu cuerpo se pone de un color blanco brillante y empieza a depurar todo tu ser, limpiando la energía estancada, y todo lo que tu cuerpo no necesita. Al terminar esta depuración percibes cómo tu cuerpo se siente lleno de energía y de felicidad, inhalas nuevamente haciendo las mismas respiraciones que hicimos anteriormente 10 veces y abres los ojos.
- *Duración:* 20 minutos.

Negro
Existen 50 tonos de negro.

Alma: moda, elegante, final, formal, misterio, autoritario, profundo, desconocido, manipulador, enfermo, malo, envejece, oculta, asusta.

Equilibrio: profundidad.

Personalidad: es muy inteligente, estratega, serio, independiente, solitario, frío, crudo, enojado con la vida, malicioso, materialista, obsesivo, elegante, autoritario, ambicioso, misterioso, analítico, seductor, arriesgado, mentiroso, orgulloso, lastimero, agresivo.

Salud: no es un color positivo, al contrario, afecta el cuerpo eliminando y descomponiendo propiedades vitales de los tejidos, órganos, etcétera.

Vestimenta: organizado, fuerte, líder, elegante e interesante, nos hace ver maduros, adultos.

Necesidad: pasa por un momento altamente sensible, depresivo, enojado, con cierto descontento y culpabilidad. Lutos, duelos, problemas.

Primera opción: es combinable con todos los colores, aunque es preferible evitar el color café oscuro, ya que crea una energía espesa y confusa. Es importante no usar el negro con demasiada frecuencia, ya que puede afectar nuestra energía, enfermando o creando problemas similares a los descritos en el área de necesidad, además, envejece al sombrear la piel.

Decoración: combinándolo con los colores indicados puede traer buena suerte, esto es con rojo y dorado. Para crear un espacio elegante y minimalista se combina con blanco (esta combinación es muy común en los hombres solteros, por no arriesgar con otros colores y así tener un espacio limpio y elegante). Es importante no saturar los espacios con este color porque deprime, asusta y crea un espacio inseguro; causa miedo e incomodidad.

Café
Existen 95 tonos de café.

Alma: lo feo, antipático, robusto, sobrio, maduro, acogedor, perezoso, necio, bronceado, fácil, fuerte, dulce, chocolate, estabilidad, cualidades masculinas.

Equilibrio: madurez.

Personalidad: maduro, sabio, inteligente, comprensivo, protector, anticuado, necio, terco, mañoso, preocupón, antojadizo, con miedo al cambio, firme, estable, vive en el pasado, tenaz, manipulador, mentiroso, problemático, paciente, determinante, decisivo, culto, preocupado por el qué dirán, distinguido, metiche.

Salud: es el encargado del sistema digestivo en general, y fortalece la energía. Hay que ser moderados con este color en la alimentación, ya que puede afectar el peso y generar sobrepeso.

Entre los alimentos que se pueden mencionar está el chocolate, el tocino, el pan, la nuez, etcétera.

Vestimenta: muy arraigado, le gusta la buena vida, madurez, estabilidad. De preferencia no usar en viajes largos ya que puede causar mareo.

Necesidad: busca tierra, centra sus ideas, necesita trabajo o reconocimiento.

Primera opción: se puede combinar con la mayoría de los colores.

Decoración: todos los cafés pueden crear una base en el espacio y de esta forma los accesorios o elementos decorativos llevan el punto de color. Éste puede ser combinado con cualquier color.

Rosa
Existen 50 tonos de rosa.

Complementario: verde menta.

Monocromático: rojo.

Análogo: lila.

Alma: encanto, desnudo, suave, amoroso, milagroso, femenino, infantil, tierno, comprensivo, aceptación, escandaloso, cursi, sentimental, madre, pequeño, juventud. Existen creencias que señalan que el rosa se encuentra en el corazón, pero para no confundirnos, no lo usaremos en los chacras.

Equilibrio: amor.

Personalidad: amiguero, fantasioso, infantil, impositivo, agresivo, siempre a la defensiva, sensible o insensible, doble cara, creativo, abusivo, dulce, detallista, generoso, estable, amoroso, tierno, cursi, siempre tienen que hacerse las cosas a su manera, mañoso, auténtico, sensible, explosivo, miedo a sí mismo, divertido, cariñoso, preocupado por los demás.

Salud: por ser un rojo degradado ayuda a tranquilizar las agresiones y los estados de crisis, sobre todo cuando se trata del amor. También mejora el sistema circulatorio y todo lo referente a la sangre y a la presión alta.

Alimentación: ver en rojo.

Vestimenta: tiene confianza en sí, está en paz con su parte femenina e intuitiva.

Necesidad: pasa por un desamor, falta de madre, disgusto con alguna mujer o con su lado femenino.

Primera opción: combinar con blanco para transmitir ternura, inocencia, juventud. Con gris o verde limón eleva la autoestima y la energía emocional.

Decoración: es una vibración femenina, da amor incondicional, cuidado, protección, ternura, inocencia. Por eso lo usan en cuartos de niñas y hospitales infantiles. Para una combinación femenina, mezcla rosa con blanco, rojo con magenta. Para lograr una combinación romántica, mezcla violeta y rojo. Ahora, si ponemos luz rosada, se transforma en un espacio más íntimo, seductor y cálido.

Meditación:
- Objetivo: fortalece el lado femenino.
- Música: sonidos suaves y voces femeninas.
- Procedimiento: busca un espejo de mano y ponlo entre tus manos boca arriba, siéntate cómodamente y cierra los ojos. Inhala profundo y al momento de exhalar deja que tu cuerpo se relaje profundamente, van a ser cinco respiraciones profundas. Luego voltea el espejo boca abajo, vuelve a hacer cinco inhalaciones profundas y vuelves a poner el espejo boca arriba, repites las cinco inhalaciones, y ahora vas a sentir cómo del espejo se abre una puerta luminosa de la que salen miles de flores rosas. En este momento vas a empezar a oler un aroma a rosas y flores, éstas llenan el espacio en el que te encuentras y cada flor que te toque regenerará tu cuerpo, tu mente y todo tu ser, te hará más joven y hermoso, haciendo tu persona más sensible y creativa. Cuando sientas que tu espacio se llenó de flores y ya no cabe una más, pones el espejo boca abajo e inmediatamente boca arriba, en ese momento las flores se moverán a otra dimensión y desaparecerán del espacio. Inhalas tres veces y en la última exhalación abres los ojos.
- Duración: todo el tiempo que uno desee.

MAGENTA

Dentro de la gama, el color magenta es llamado rojo purpúreo.

Alma: el color oculto, amoroso, detallista, sanador, protector, claro de lo que quiere, rescatista, confundido, espiritual, invisible, el nuevo color, el cambio, lo posible, imposible, lo pequeño, la belleza, lo sutil.

Equilibrio: sanación.

Personalidad: son personas sumamente preocupadas por los seres humanos, la naturaleza y el hogar, son rescatistas, víctimas, tranquilos, pasivos, chantajistas, dulces, maternales, aun siendo hombres, soñadores, amorosos, testarudos, intuitivos, psíquicos, detallistas, distraídos, les cuesta trabajo tomar decisiones.

Cuerpo: es el noveno chacra, el que nos conecta con el universo, el que hace que todos seamos parte del todo y que perdamos nuestra individualidad. Éste se encuentra en la parte superior del chacra de la coronilla.

Afirmación: "Yo soy parte del universo y el universo vive en mí".

Negación: "Me encuentro perdido, no encuentro la salida".

Salud: eleva el espíritu y controla el estado emocional, físico, espiritual, y mental, dejando que del mundo entre lo necesario y liberando del cuerpo lo que no nos sirve.

Alimento: no es un alimento, pero sí es una acción: la respiración. Aprender a respirar, nos ayuda a conectarnos con esta vibración.

Vestimenta: alinea los pensamientos y dudas para darnos un enfoque claro de lo que queremos. Incrementa nuestros campos áuricos, y por lo tanto crea un brillo particular en los seres humanos. Promueve la sensibilidad y la intuición.

Necesidad: estás viviendo una etapa de confusión, enfermedad y falta de autoestima. Tienes la necesidad de brillar pero no sabes cómo hacerlo, pero has entregado toda tu energía a los demás y necesitas ahora amarte a ti mismo.

Primera opción: combínalo con turquesa para crear un efecto realmente mágico. Con morado para la inspiración y la intuición. Con verde para expandir tu espacio con amor, mientras que con blanco se relaciona con la sanación.

Decoración: con blanco eleva el espíritu dando frescura y calidez al espacio. Con azules, te conecta con tu espiritualidad, mientras que con rojos y rosas mejora tu capacidad de amar. Es importante no saturar mucho un espacio con este color, a menos que sea para meditar, porque causa desorientación, confusión y mareos.

Meditación:
- *Objetivo:* fortalece la nobleza y el espíritu, además de tu color magenta.
- *Música:* de preferencia jazz con voces femeninas.
- *Procedimiento:* necesitas una tina o un lugar con agua y pétalos rojos, al igual que un poco de miel de abeja. Calienta el agua de una tina y deja caer los pétalos rojos, así como dos cucharadas soperas de miel de abeja. Entra en la tina, siéntate de una forma cómoda, cierra los ojos y con la mano vas a hacer un remolino en el agua mediante un movimiento que siga a las manecillas del reloj (derecha). Después de un rato detienes el movimiento, y deja que la energía de la miel, flores y agua terminen de fusionarse. Ahora con tus dos manos vas a tomar un poco de agua, la dejarás caer en tu cabeza y mientras lo haces, visualiza cómo el agua es de un color magenta, que al momento de tocar tu cuerpo, tu alma y tu espíritu se expanden hasta llenarte completamente de este color. Después de un rato sientes cómo tu corazón se fortalece y sientes unas enormes ganas de amar y de ser amado. Vive la experiencia por un rato, luego inhalas profundo y abres los ojos.
- *Duración:* 30 minutos.

Turquesa
Turquesa es el mar y el espíritu, los ángeles y los delfines.

Alma: generoso, comunicativo, creativo, independiente, evolutivo, maestro, intuitivo, expresivo, cambiante, compartido, divertido, travieso, magnético, altruista, humanitario, infantil, hiperactivo, nervioso, impersonal, frío, solitario, autoritario, autodestructivo.

Equilibrio: comunicación.

Personalidad: son personas sumamente entregadas, carismáticas, intensas. Tienen una gran capacidad de expresar lo que sienten, de aplicar su creatividad en todo lo posible. Son generosas y devotas. Les encantan las sorpresas, jugar y divertirse, se trata de niños juguetones. Son por lo general inusuales, idealistas, telépatas, solitarias, autoritarias; asimismo, tienen que aprender a aterrizar sus sueños y objetivos, por lo flojas que pueden llegar a ser.

Por otro lado, tienen que manejar su necesidad de siempre querer más y más sin saciarse, hasta convertirse en seres sumamente adictos a cualquier droga, bebida o emociones extremas (dolor físico, dolor emocional, insatisfacción en la vida, confusión, miedo, etcétera).

Cuerpo: este chacra se encuentra del lado derecho del chacra corazón, cercano a la clavícula, aunque también todo el campo electromagnético (el que expresa la vitalidad y energía) se encuentra a dos centímetros separado del cuerpo haciendo de él un contorno perfecto.

Afirmación: "Yo comunico y transmito la voz del alma y del universo".

Negación: "Necesito y exijo, si no muero".

Salud: esteriliza, desintoxica, ayuda a liberar los dolores de cabeza, al igual que dolores musculares, problemas de respiración, de circulación y garganta. Además agudiza el oído, libera los mareos y sana las desilusiones y la apatía.

Alimento: su representante más importante es el agua. Ésta ayuda a desintoxicar, purificar, limpiar, hidratar y fortalecer, entre otras muchas propiedades que posee.

Vestimenta: es un color fresco, ligero, libre, llamativo. Nos ofrece seguridad y calma, al igual que comunicación, creatividad, paciencia, diversión, energía, espontaneidad y movimiento, ya sea en los proyectos que tenemos atorados o en las emociones que no logran fluir.

> *Necesidad:* se encuentra estancado en situaciones repetitivas, se siente frustrado, obsesionado, adicto, libertino, rebelde. Es cuando se siente un dolor en la garganta o la sensación de tener que hablar y decir todas las cosas que se han callado en la vida.

> *Primera opción:* combinarlo con magenta para promover las capacidades psíquicas, específicamente telepatía. Con rosa pálido o lavanda se conecta con el lado femenino y con la sensibilidad. Con naranja y amarillo promueve el hacer ejercicio. Con chocolate, la excitación de los sentidos.

Decoración: es un color de los años cincuenta y sesenta, lo que lo hace un tanto retro, pero si vives en un lugar caluroso, combinado con blanco hace un ambiente fresco, enérgico, libre y muy agradable. Si lo combinas con negro te dará un *look* muy *art-decó.* Con chocolate hace un ambiente acogedor y fresco (ésta es una gran combinación para decorar los espacios, especialmente en camas, cojines y sillones; sin embargo, no hay que abusar del turquesa, ya que puede inspirar soledad y frío).

Meditación:
- *Objetivo:* inspirar libertad y diversión, al mismo tiempo activa al niño interno.
- *Música:* sonidos del mar como las olas o seres marinos como delfines o ballenas.
- *Procedimiento:* se necesita un trapo o toalla mojada en agua caliente, y de preferencia remojarla con aromas frescos, como *lemongrass, freesia* o menta. En algunas tiendas también puedes encontrar esencias marinas o aguas marinas con aromas frescos. Acuéstate boca arriba con la toalla cu-

briéndote los ojos, vas a hacer varias inhalaciones profundas mientras dejas que los aromas del lienzo entren por tus fosas nasales, creando así una sanación aromaterapéutica. Mientras vas relajando todo tu cuerpo de los pies a la cabeza, visualiza que te encuentras en una ciudad bajo el agua con luces brillantes y una paz completa, cuando de pronto se acercan delfines para jugar contigo y nadar juntos. Al final de la experiencia un delfín se acerca a ti y coloca su trompa en tu garganta y manda una luz turquesa brillante e intensa que ilumina todo tu cuerpo. De pronto sientes cómo todos los malestares físicos desaparecen y tu campo de luz se fortalece. Una vez logrado esto, visualiza cómo te despides de los delfines mientras vas regresando a la superficie, inhalas tres veces más y abres los ojos.

- *Duración:* 20 minutos.

Test de colores

1. Si vas al cine o al teatro, ¿en qué lugar prefieres sentarte?
   a) En el centro.
   b) Donde se ve mejor.
   c) Donde estén tus amigos.
   d) Hasta adelante.
   e) Donde nadie te vea.
   f) Donde sea se ve bien.
   g) En ningún lugar se ve bien.

2. ¿Qué música te gusta escuchar?
   a) Rock.
   b) Pop.
   c) Jazz.
   d) New age.
   e) Electrónica.
   f) Balada.
   g) Todas las anteriores.

3. ¿Con qué palabra te identificas más?
   a) Amor.
   b) Fuerza.
   c) Paciencia.
   d) Alegría.
   e) Inocencia.
   f) Creatividad.
   g) Madurez.

4. ¿Con cuál de estas palabras te identificas más?
   a) Enojo.
   b) Depresión.
   c) Locura.
   d) Miedo.
   e) Indecisión.
   f) Soledad.
   g) Venganza.

5. ¿Qué parte del día prefieres?
   a) La mañana.
   b) El mediodía.
   c) La tarde.
   d) La noche.
   e) La madrugada.
   f) Ninguna.
   g) Todas.

6. Tu forma de vestir es:
   a) Casual.
   b) Elegante.
   c) Deportiva.
   d) Estrafalaria.
   e) Vanguardista.
   f) Conservadora.
   g) Lo primero que encuentras.

7. Si sólo pudieras tener uno de estos objetos, ¿cuál elegirías?
   a) Un instrumento musical.
   b) Una caja de sorpresas.
   c) Un libro de poemas.
   d) Un amuleto.
   e) Una planta.
   f) Una hamburguesa.
   g) Una agenda de trabajo.

8. ¿Con qué refrán te identificas más?
   a) Todo cabe en un jarrito sabiéndolo acomodar.
   b) El que parte y reparte se queda con la mejor parte.
   c) Más vale prevenir que lamentar.
   d) Después de la tormenta llega la calma.
   e) De músico, poeta y loco todos tenemos un poco.
   f) Árbol que crece torcido jamás su rama endereza.
   g) No me gustan los refranes.

9. ¿Qué palabra resuena más contigo?
   a) Pluma.
   b) Noche.
   c) Caramelos.
   d) Sol.
   e) Árbol.
   f) Laberinto.
   g) Otoño.

10. ¿Cuál de estas comidas te gusta más?
    a) Casera.
    b) Vegetariana.
    c) Argentina.
    d) India.
    e) Japonesa.
    f) Todas me encantan.
    g) No me gusta ninguna de las anteriores.

11. ¿Quién es un verdadero amigo?
    a) El que siempre está.
    b) Al que le gusta hacer lo que tú haces.
    c) El que siempre tiene un plan.
    d) El que siempre tiene un consejo.
    e) El que es diferente a todos los demás.
    f) El que se sabe divertir.
    g) El que no molesta.

12. ¿Cuál de estos lugares es más afín a ti?
    a) Mar.
    b) Bosque.
    c) Desierto.
    d) Montaña.
    e) Espacio.
    f) Ciudad.
    g) Lugar desconocido.

13. ¿Con qué personaje te identificas más?
    a) Ave fénix.
    b) Dragón.
    c) Sirena.
    d) Hadas y duendes.
    e) Unicornio.
    f) Mago.
    g) Princesa.

14. ¿Con cuál de estos ambientes te identificas más?
    a) Caliente.
    b) Frío.
    c) Templado.
    d) Fresco.
    e) Nublado.
    f) Lluvioso.
    g) Cálido con luz.

15. ¿Qué palabra te conecta más?
    a) Poder.
    b) Verdad.
    c) Placer.
    d) Ego.
    e) Espiritualidad.
    f) Comunicación.
    g) Belleza.

16. Cuándo hay una fiesta, tú…
    a) por lo general eres quien la organiza.
    b) eres el alma de la fiesta.
    c) llegas, pero siempre te tienes que ir.
    d) llegas al final.
    e) prefieres platicar.
    f) no te gustan las fiestas.
    g) aunque te guste la soledad siempre estás en todas ellas.

17. ¿Cuál de estas combinaciones te gusta más?

  a) Rojo, naranja, amarillo.

  b) Amarillo, verde, azul.

  c) Naranja, violeta, verde.

  d) Violeta, azul, negro.

  e) Rosa, rojo, naranja.

  f) Negro, azul, violeta.

  g) Verde, violeta, negro.

18. ¿Con cuál de los siete pecados capitales te identificas más?

  a) Lujuria.

  b) Gula.

  c) Avaricia.

  d) Pereza.

  e) Ira.

  f) Envidia.

  g) Soberbia.

19. Medio de transporte favorito.

  a) Coche.

  b) Barco.

  c) A pie.

  d) Tren.

  e) Avión.

  f) Moto.

  g) Metro.

20. Saca tu fecha de nacimiento completa hasta llegar a sólo un dígito. Por ejemplo:

  15 / abril / 1977

  $1+5+0+4+1+9+7+7=34$

  $3+4=7$

  ¿Cuál es tu dígito final?

Examina las respuestas y contabiliza los resultados. El color que más se repite es tu personalidad; el segundo color es tu equilibrio; el tercer color es tu alma. Ver en la parte en que se explica cada color el significado de cada uno.

Respuestas

1.
A) Rojo
B) Amarillo
C) Azul
D) Naranja
E) Violeta
F) Verde
G) Negro

2.
A) Rojo
B) Amarillo
C) Negro
D) Verde
E) Naranja
F) Azul
G) Violeta

3.
A) Rojo
B) Naranja
C) Verde
D) Amarillo
E) Rosa
F) Azul
G) Negro

4.
A) Rojo
B) Azul
C) Naranja
D) Amarillo
E) Verde
F) Violeta
G) Negro

5.
A) Amarillo
B) Rojo
C) Morado
D) Azul
E) Verde
F) Negro
G) Naranja

6.
A) Verde
B) Negro
C) Rojo
D) Naranja
E) Amarillo
F) Azul
G) Violeta

7.
A) Rojo
B) Amarillo
C) Azul
D) Violeta
E) Verde
F) Naranja
G) Negro

8.
A) Violeta
B) Rojo
C) Verde
D) Amarillo
E) Naranja
F) Azul
G) Negro

9.
A) Azul
B) Negro
C) Rosa
D) Amarillo
E) Verde
F) Violeta
G) Naranja

10.
A) Verde
B) Morado
C) Rojo
D) Amarillo
E) Azul
F) Naranja
G) Negro

11.
A) Rosa
B) Rojo
C) Amarillo
D) Verde
E) Violeta
F) Naranja
G) Azul

12.
A) Azul
B) Verde
C) Rojo
D) Naranja
E) Violeta
F) Negro
G) Amarillo

13.
A) Naranja
B) Rojo
C) Azul
D) Verde
E) Amarillo
F) Violeta
G) Rosa

14.
A) Rojo
B) Azul
C) Amarillo
D) Verde
E) Violeta
F) Negro
G) Naranja

15.
A) Amarillo
B) Verde
C) Naranja
D) Rojo
E) Violeta
F) Azul
G) Rosa

16.
A) Rojo
B) Amarillo
C) Naranja
D) Morado
E) Verde
F) Negro
G) Azul

17.
A) Rojo
B) Amarillo
C) Naranja
D) Violeta
E) Rosa
F) Negro
G) Verde

18.
A) Naranja
B) Rosa
C) Amarillo
D) Azul
E) Rojo
F) Verde
G) Violeta

19.
A) Rojo
B) Azul
C) Verde
D) Morado
E) Amarillo
F) Naranja
G) Negro

20.
1. Rojo
2. Naranja
3. Amarillo
4. Verde
5. Azul
6. Negro
7. Violeta
8. Rosa
9. Blanco

Combinaciones armónicas
(Ver el apartado de color página 2)

Campo de protección

Cerrar los ojos, inhalar profundamente por la nariz y exhalar por la boca. Hacer diez inhalaciones de esta forma, después podremos hacer inhalación y exhalación por la nariz. Escucha tu respiración, y poco a poco empezarás a relajar todo tu cuerpo, comenzando por los pies y subiendo hasta llegar a la cabeza. Ya que tu cuerpo esté completamente relajado, imagina que te encuentras dentro de una esfera dorada que se va creando con hilos de oro, que se van entretejiendo hasta crear una esfera de una malla dorada que rodea todo tu cuerpo. A esta malla le vamos a dar la instrucción de que funcione como un campo protector cada vez que cierres los ojos y busques ayuda, se activará protegiéndote de todo mal y de todo peligro. Al terminar de mandar la señal, regresa de tu relajación, completamente tranquilo y seguro de que nada te va a pasar mientras te encuentres dentro de la malla. No existirá energía negativa que te pueda tocar.

Lectura del rostro

Sin duda, estudiar la lectura del rostro fue un gran descubrimiento para mí. Tantos años sin saber que cada emoción y cada momento van creando en el rostro un mapa con montañas y ríos, arena y nieve, para que así vayamos descubriendo el verdadero "yo" en el pasado, presente y futuro.

Para empezar, debemos entender que el cerebro está formado por dos hemisferios, y que cada uno de ellos controla y maneja diferentes acciones y emociones.

El hemisferio izquierdo es el encargado de trabajar las acciones, decisiones, el "yo", el pensamiento, la razón, lo masculino, lo mío, la lógica, los números, la practicidad. También se relaciona con la lectura, las matemáticas, datos consecutivos y lineales, la dimensión lingüística, la creación de la memoria. Este hemisferio se encarga de manejar todo el lado derecho del cuerpo y rostro. El hemisferio derecho es el encargado del área sensible, somos el todo, la intuición, el área artística, la música, el reconocimiento de las caras, la visualización general. Se relaciona con los aspectos espaciales y globales de la información, lo femenino, los sueños, etcétera. Este hemisferio se encarga de manejar todo el lado izquierdo del cuerpo y rostro.

De esta forma, cada hemisferio controla su lado opuesto en el cuerpo. Así, el lado izquierdo siempre será más suave y delicado que el lado derecho, y por eso se dice que si algún día tú quisieras ver a una persona con el corazón y no con la mente, lo único que tienes que hacer es taparte el ojo derecho (hemisferio izquierdo = razón) para verla sólo con el ojo izquierdo (hemisferio derecho = sensibilidad).

El lado izquierdo, por ser el lado femenino, representa la feminidad y las mujeres en nuestra vida (mamá, hermana, novia, abuela, hija, etcétera), mientras que el lado derecho significa la masculinidad y los hombres en nuestra vida (papá, hermano, novio, abuelo, hijo, etcétera).

Lo anterior es fundamental entenderlo y tenerlo muy claro porque, como en todo, existen diferencias de un lado del rostro respecto del otro (la ceja más grande, una cicatriz, un lunar, una mancha, granos, etcétera.) y estas diferencias probablemente se refieren a una situación o problema con esa parte masculina o femenina.

Ahora bien, ya teniendo bien claro lo anterior, podemos continuar enfocándonos solamente en las características de nuestro rostro y cómo está formado. Lo primero que vamos a hacer es dividir el rostro en tres partes:

- La frente, terminando donde empieza la ceja.
- La ceja, ojos y nariz, terminando abajo de la nariz.
- La boca, barbilla y mentón, terminando en la papada.

Si observamos las tres áreas del rostro, nos daremos cuenta de que existe una de ellas más grande, ya sea por el tamaño de los ojos, frente, boca, cejas, nariz, etcétera. Esto nos lleva al primer descubrimiento, que nos indica qué parte utiliza más una persona, por ejemplo:

- La frente: amplia, con entradas o marcas importantes nos muestra la mente, se trata de alguien analítico, pensador, decisivo, quienes siempre suelen decir "yo pienso".
- Cejas, ojos, nariz, cachetes, orejas (su tamaño, marcas importantes): se refieren al corazón, y muestran a alguien sensible, artista, vulnerable, espontáneo, quienes siempre suelen decir "yo siento".
- Boca, barbilla, mentón (su tamaño, marcas importantes): se refieren al físico, placer, deseo, el buen gusto, el sexo, el im-

pulso, todas las necesidades físicas, por lo general estas personas suelen decir "yo quiero".

Existen muchos casos en que hay dos partes del rostro más grandes que la tercera, lo que significa que estas personas buscan su equilibrio usando estas dos áreas, pero pueden caer en ser muy duales y, por lo tanto, indecisas.

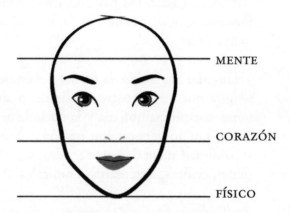

MENTE

CORAZÓN

FÍSICO

La forma de la cara

La forma de la cara es otro factor importante que crea distinciones entre unos y otros. Puede ser un área complicada de observar, ya que existen muchas combinaciones entre sí, pero éstas son las formas básicas:

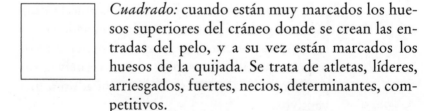

Cuadrado: cuando están muy marcados los huesos superiores del cráneo donde se crean las entradas del pelo, y a su vez están marcados los huesos de la quijada. Se trata de atletas, líderes, arriesgados, fuertes, necios, determinantes, competitivos.

Rectangular: tiene la misma forma que la cuadrada, pero el rostro es más alargado. Por lo general

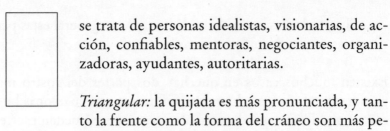

se trata de personas idealistas, visionarias, de acción, confiables, mentoras, negociantes, organizadoras, ayudantes, autoritarias.

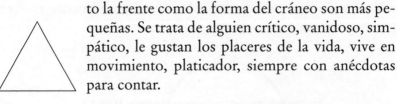

Triangular: la quijada es más pronunciada, y tanto la frente como la forma del cráneo son más pequeñas. Se trata de alguien crítico, vanidoso, simpático, le gustan los placeres de la vida, vive en movimiento, platicador, siempre con anécdotas para contar.

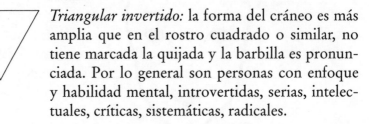

Triangular invertido: la forma del cráneo es más amplia que en el rostro cuadrado o similar, no tiene marcada la quijada y la barbilla es pronunciada. Por lo general son personas con enfoque y habilidad mental, introvertidas, serias, intelectuales, críticas, sistemáticas, radicales.

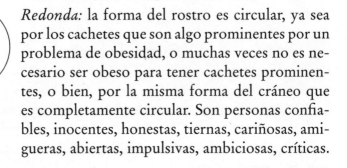

Redonda: la forma del rostro es circular, ya sea por los cachetes que son algo prominentes por un problema de obesidad, o muchas veces no es necesario ser obeso para tener cachetes prominentes, o bien, por la misma forma del cráneo que es completamente circular. Son personas confiables, inocentes, honestas, tiernas, cariñosas, amigueras, abiertas, impulsivas, ambiciosas, críticas.

Trapezoide: son muy marcadas las entradas del pelo y con frente amplia, mientras que la quijada es marcada pero no tan pronunciada como la frente y cabeza. Son imaginativos, creativos, impositivos, idealistas, pensadores, resuelven sin problemas cualquier situación, soñadores, inventivos.

Trapezoide invertido: la frente y los huesos superiores del rostro son marcados, y pronunciada la quijada. Por lo general son dominantes, controladores, dictadores, materialistas, fuertes, resentidos, persuasivos, egoístas, ambiciosos; nacen con un gran poder para obtener lo que quieren.

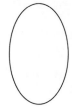

Ovalado: tienen las mismas características que la forma circular, pero el rostro es más alargado de la zona media. Se trata de personas sociales, complicadas, diplomáticas, agraciadas, directas, ofensivas, perfeccionistas, cooperativas, pacifistas, educadas, apegadas a su madre.

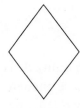

Diamante: la frente es muy pequeña, tiene los pómulos prominentes, barbilla un tanto salida y la quijada no es marcada. Es un rostro muy femenino, por lo tanto será más común verlo en mujeres. Son temperamentales, demandantes, autoritarios, exitosos, pasionales, camaleónicos, perfeccionistas, talentosos, seductores.

Ahora bien, existen combinaciones entre estas formas básicas, para estos casos se aplican las dos personalidades descritas. Es curioso que con el tiempo se puede modificar el carácter y, por lo tanto, la forma de la cabeza puede cambiar.

La manera más sencilla para identificar entre un tipo y otro de rostro, es poniendo las manos en forma paralela frente a ti, centrar el rostro que quieras analizar entre ellas y seguir con tus manos la forma del rostro. Así saldrá una de las formas que acabamos de ver.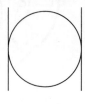

Ahora empezaremos con las partes del rostro y, para ello, vamos a ver dos áreas: la emocional y la física.

Las orejas

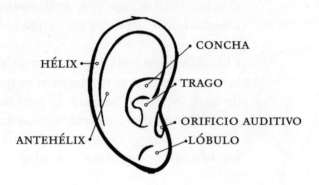

FORMA DE VER LA VIDA

El tamaño natural de una oreja debe medirse con la punta de la nariz y la línea superior formada por la ceja. Si ésta se encuentra más abajo o más arriba o es más grande o más pequeña, tiene un significado:

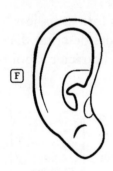

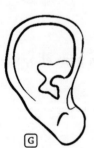

a) *Más arriba de lo natural:* son personas que desde muy jóvenes saben cuál será su profesión y son muy claras con lo que quieren.

b) *Más abajo de lo natural:* son personas que comprenden su profesión y su misión de vida a una edad madura.

c) *Orejas grandes:* arriesgadas, sobre todo con su cuerpo y su dinero.

d) *Orejas pequeñas:* precavidas, cautelosas, temerosas, nerviosas, calculadoras, prefieren seguridad y estabilidad.

e) *Orejas separadas del rostro:* personas distraídas, necias, les gusta escuchar con frecuencia lo que les conviene.

f) *Orejas pegadas al rostro:* personas que saben escuchar a los demás, a veces les gusta escuchar de más.

g) *Orejas anchas de la parte superior:* arriesgadas, económica y mentalmente.

h) *Orejas anchas en la zona media de la oreja:* arriesgadas con su cuerpo, tienen la necesidad de sentir la adrenalina haciendo cosas extremas.

i) *Orejas angostas a lo ancho:* miedo a exponer su vida y su cuerpo a cualquier tipo de riesgo.

j) *Orejas en punta (duende):* obsesivas por tener todo estable y seguro, sobre todo en la parte económica.

k) *Orejas lóbulo largo:* personas con suerte, afortunadas en la vida, sanas.

l) *Orejas con lóbulo pequeño:* son personas que viven en el presente, pero les cuesta trabajo crear proyectos a largo plazo.

m) *Lóbulo separado del rostro:* personas independientes desde pequeñas, siempre están en movimiento, su principal familia suelen ser sus amistades.

n) *Lóbulo pegado al rostro:* dependientes a la familia, las culturas, tradiciones o religiones familiares.

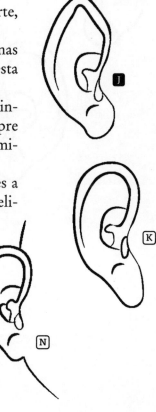

SALUD

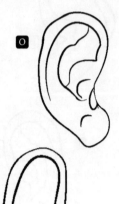

o) *Orejas sin el arco externo y extremo (hélix):* deficiencia en el sistema circulatorio.

p) *Orejas en punta:* agresivos, suelen sufrir de paranoia.

q) *Orejas con la línea interna definida (rama inferior del antehélix):* intelectuales, pensadores, muy mentales, sufren de dolores de cabeza.

r) *Orejas con la línea interna no definida (rama inferior del antehélix):* indecisos, inseguros, confundidos.

s) *Oreja con una línea en el lóbulo:* probable diabético (cuidar el azúcar en su cuerpo).

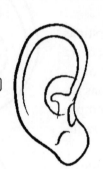

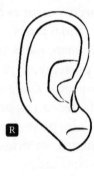

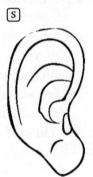

La frente

LIBERTAD O REPRESIÓN

Representa la libertad o represión con la que fuimos educados, así como el proceso de vida por el que estamos pasando, ya sea físico, emocional o espiritual. Vamos a empezar por la libertad o represión, lo cual está en función de lo amplia o angosta que es la frente, esto indicado por el nacimiento del cabello.

- *Frente angosta:* el pelo casi se une por completo con las cejas. Habla de una persona apegada a las tradiciones y a la familia en cuanto a educación y valores. De esta manera, las represiones pueden surgir al crecer, son vulnerables a los comentarios de la gente y suelen ser muy impulsivas.
- *Frente cuadrada:* grandes habilidades manuales, inteligentes, con ideas claras. La parte emocional se convierte en un problema en sus vidas diarias.
- *Frente con entradas pronunciadas:* intuitivos, progresivos, con una visión mucho más amplia de la vida. Resuelven de una forma sencilla los problemas cotidianos.

- *Frente con forma "M":* cuando la frente tiene forma de letra "M" es por falta de pelo en las entradas. Suelen ser personas con talentos artísticos, creativas, sensibles, que de jóvenes eran rebeldes y liberales.
- *Frente con punta de viuda (Drácula):* cuando existe una punta de pelo que crea una "V" en la frente, habla de una persona seductora, sexual, atractiva y magnética, buscan el poder.

Ahora bien, si miramos el perfil de una frente podemos encontrar una frente redondeada, recta, inclinada, etcétera. Esto también tiene un significado:

 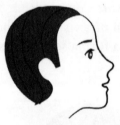

- *Redonda:* imaginativo.   - *Amplia:* filósofo, intelectual.

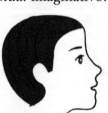 

- *Recta:* lineal en sus pensamientos.   - *Inclinada:* hábil en los negocios.

• *Angosta:* inmaduro, inocente.

También existe otra área importante, y se refiere a las líneas que con el tiempo se van marcando en la frente, ya sean verticales u horizontales. Existen las líneas básicas horizontales, que son tres.

• *Línea horizontal cercana a la línea del pelo:* espiritual (contacto con Dios, fe, humanidad).

• *Línea horizontal media:* emocional (ego, debilidades, necesidades, miedos, fuerza, amor).

• *Línea horizontal baja cercana a las cejas:* terrenal (dinero, trabajo, salud).

Si alguna de las líneas se encuentra rota o difuminada, entonces se trata de la zona principal, y significa la razón por la que tú estás aquí, para trabajar y encontrar el equilibrio.

También pueden existir dos pequeñas líneas horizontales arqueadas en la parte superior de las cejas, las cuales son herramientas extras para salir adelante, ya se trate de un psiquismo desarrollado, un talento nato para los números o un talento extraordinario en las artes.

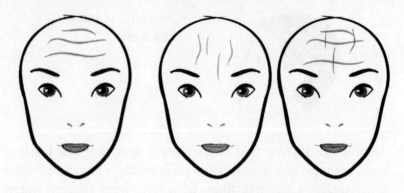

- *Líneas horizontales:* personas cautelosas, inteligentes, críticas.
- *Líneas verticales y/u horizontales:* inteligentes, sensibles, nerviosas.

Cejas

SALUD, VIDA Y AGRESIÓN

Las cejas representan la salud a través de la vida, la energía y el temperamento al reaccionar ante determinadas situaciones. Para descubrir la constitución natural de las cejas, primero tenemos que poner los dos dedos índice y mayor en el entrecejo. Si tenemos más o menos cejas al centro, es cuando encontraremos diferencias entre las personas. También tiene mucho que ver el grosor, ancho y lo tupido de las cejas.

- *Cejas unidas entre sí:* testarudo, terco, explosivo, asuntos con el padre, problemas con la autoridad.

- *Cejas muy separadas entre sí:* falta de carácter, asuntos con la madre.

- *Cejas tupidas:* enérgico, sano, agresivo, fuerte.

- *Cejas delgadas:* temperamento pasivo, enfermizo, delicado.

- *Cejas largas:* longevidad, muy sociable.

- *Cejas cortas:* corta vida, antisocial.

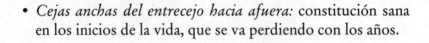

- *Cejas anchas del entrecejo hacia afuera:* constitución sana en los inicios de la vida, que se va perdiendo con los años.

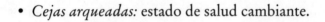

- *Cejas delgadas del entrecejo engrosándose hacia fuera:* enfermizo en la infancia, recuperando la fuerza, la energía y la salud mientras va aumentando la edad.

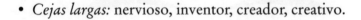

- *Cejas arqueadas:* estado de salud cambiante.

- *Cajas rectas:* salud estable, toma decisiones sin riesgo.

- *Cejas largas:* nervioso, inventor, creador, creativo.

- *Cejas definidas y a su vez fuertes:* un hígado sano, de temperamento fuerte.

- *Cejas despeinadas:* rebeldía, desequilibrio, fatalistas, exagerados.

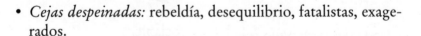

- *Cejas con cuerpo (la piel de la zona es más gruesa):* resistente, fuerte, poco influenciable.

- *Cejas inclinadas de abajo hacia arriba:* místico, curioso, meticuloso, metiche.

- *Cejas inclinadas de arriba hacia abajo:* inspira ternura. Es sumiso, depresivo e influyente.

Las cejas están conectadas con el hígado, por lo tanto, podremos detectar la energía del hígado si observamos las cejas.

Líneas en el entrecejo

- *Una línea vertical en entrecejo:* envenenamiento o deficiencia en el hígado.

- *Dos líneas verticales en entrecejo:* tenso, nervioso, irritable, impaciente.

- *Tres líneas verticales en entrecejo:* frustración, coraje, irritabilidad, problemas de adicción, propenso a tener accidentes.

Los ojos

EMOCIÓN, EXTROVERTIDO, INTROVERTIDO, EL OXÍGENO

Los ojos son el área más importante para percibir cualquier síntoma o emoción en una persona. Esto se debe a que los ojos se encuentran directamente conectados con el cerebro por medio del nervio óptico, y por ello nos pueden decir la condición del sistema nervioso y de los dos hemisferios del cerebro. Cuando existe una deficiencia en alguno de éstos, uno empieza a sentir una pérdida de claridad y un sentido de alerta.

Por otro lado, los ojos necesitan un 30% más de oxígeno que las demás células del cuerpo. Así, cuando el cerebro recibe menos oxígeno del que requiere, el primer lugar donde lo podremos detectar será en los ojos.

También aquí se define con más exactitud qué hemisferio del cerebro utilizamos con más frecuencia. Cuando usamos el hemisferio izquierdo (mental), los párpados reducen el espacio entre sí y se hacen más pequeños, como para pensar, analizar, observar, sumar etcétera, mientras que cuando usamos más el hemisferio derecho (emocional), los párpados se abren más y se hacen más expresivos, como cuando soñamos, nos ilusionamos, enamoramos, etcétera.

Ahora vamos a especificar el tipo de ojos con los que nos podemos encontrar, incluyendo los propios:

- *Ojos grandes redondos:* sensible, emocional, entregado, visionario, intuitivo, amiguero.

- *Ojos grandes alargados:* artistas, creativos, talentosos.

- *Ojos chicos:* apreciación de los detalles, lógico, mental, analítico, práctico, matemático.

- *Ojos inclinados hacia arriba:* bonito, astuto, curioso, cambiante, ambicioso.

- *Ojos inclinados hacia abajo:* sensible, conformista, tímido, evitan el conflicto.

- *Ojos con esquinas redondas:* tienen tacto para decir las cosas, cautelosos, muy claros.

- *Ojos con esquinas en punta:* críticos, directos, lastimeros.

- *Ojos en forma de almendra:* exóticos, misteriosos, sensibles, cálidos, cautelosos.

- *Ojos con esquinas en punta y en curva:* precavidos, vulnerables, dolidos, lastimeros.

Ahora bien, la distancia natural que debe existir entre ambos lagrimales es el tamaño de un ojo completo. Esto también genera diferentes significados:

- *Ojos separados:* adaptables, flexibles, abiertos, innovadores, desconcentrados.

- *Ojos juntos:* analíticos, observadores, detallistas, intolerantes.

- *Ojos con separación natural:* aquilibrados entre la mente y la emoción.

Por otro lado, los ojos como tal deben encontrarse en la parte central de los párpados. Si no lo están, tendremos distintos significados:

- *Ojos centrales con blanco del globo ocular en los lados:* balanceados y sanos.

- *Ojos con blanco del globo ocular en los lados y en la parte baja:* exceso de drogas, azúcar (daño hacia uno mismo).

- *Ojos con blanco del globo ocular en los lados y en la parte superior:* exceso de carne, violento, agresivo (violento con los demás).

- *Ojos con el iris completo y los blancos del globo ocular en los lados y en la parte superior:* se encuentra en peligro.

- *Ojos con el iris mirando cada uno hacia las orejas:* problemas en el sistema nervioso, indeciso, probablemente diabético, tendencia a accidentarse.

- *Ojos con el iris mirando hacia la nariz (bizco):* deficiencias en el corazón e hígado, problemas familiares, dificultad para resolver situaciones o problemas.

- *Ojos con un iris mirando al frente y el otro mirando hacia afuera (estrabismo):* problemas alimenticios de la madre o de uno mismo, desbalances físicos y emocionales.

El color del iris también tiene mucho que enseñarnos. Se dice que es la fuerza del espíritu *(ver referencia de color en anexo en la página 9):*

- *Negro:* fuerte, testarudo, dominante.
- *Azul:* mentales, sensibles, intelectuales.
- *Aqua:* idealistas.
- *Gris:* pensadores.
- *Verde:* misteriosos y emocionales.
- *Café:* sociable.
- *Oro o miel:* atractivo, con poder sobre los demás.
- *Rojo, naranja, óxido:* soñadores, pasionales.

Finalmente, si miramos de perfil el rostro, podremos detectar que tan expuestos o sumidos se encuentran los ojos:

- *Expuestos:* extrovertidos.   - *Sumidos:* introvertidos.

Bolsas, ojeras y líneas alrededor de los ojos

DOLOR EMOCIONAL

Todo lo referente al contorno del ojo nos permite ver la energía de los riñones y las situaciones vivenciales del día a día. Los riñones purifican la sangre y remueven todas las sales, toxinas y agua para que no se envenene el cuerpo (aparte de las múltiples funciones que los riñones realizan).

Así sucede en las emociones, toman lo necesario de nuestra vida y remueven lo innecesario. Por lo tanto, nos ayudan a reconocer las experiencias buenas de las malas. Por ejemplo, cuando una persona entra en un estado depresivo o de cansancio, debe sanar sus riñones al igual que su alma.

Existen tres formas de gastar su energía y maltratarlos.

- *Primera:* drogas y alcohol.
- *Segunda:* vivir en contra del ritmo natural de vida, como trabajar de noche, desvelarse, ser inconstante en los horarios al igual que en la alimentación o tener un trabajo que no agrade.
- *Tercera:* una alimentación con alto contenido de conservadores, colorantes y saborizantes artificiales.

Cuando existe esta falta de energía y se debilitan los riñones, es cuando se presentan las bolsas en los ojos y las ojeras.

Las ojeras aparecen en las personas que tuvieron una infancia difícil y dolorosa, junto con una mala alimentación o un mal cuidado de los padres, que lleva a una deshidratación de los riñones.

Las personas que tienen bolsas en los ojos, a diferencia de las ojeras, son personas que en el presente cargan con problemas y situaciones que no logran sanar y, por lo tanto, acumulan agua y líquidos que los riñones no pueden asimilar.

Líneas de expresión

EMOCIONES EN GENERAL

Cuando nos referimos a líneas de expresión o arrugas alrededor de los ojos, estamos hablando de las emociones y cómo las exteriorizamos.

Todas las arrugas del rostro surgen como resultado de la tensión de los músculos al momento de vivir una experiencia emocional. Sin embargo, pueden hacerse más profundas si se fingen las emociones, porque la tensión de los músculos es forzada y éstos no fluyen con el movimiento natural de las expresiones.

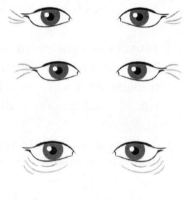

- *Arrugas marcadas hacia arriba:* son alegrías sinceras y sin represión.
- *Arrugas marcadas hacia abajo:* son momentos muy difíciles, tristes y con mucho sufrimiento en la vida.
- *Arrugas abajo de los ojos:* desamores, separaciones, divorcios, pérdidas, despedidas (también se pueden encontrar en las arrugas hacia abajo).

La nariz

AMBICIONES, COSAS MATERIALES, COLUMNA VERTEBRAL

Es en el tabique o puente nasal donde encontraremos la columna vertebral y la capacidad de obtener cosas materiales. Cuando la columna vertebral llega a tener un problema grave como escoliosis, tortícolis, ciática, etcétera, la columna tensa los músculos jalando la piel de un lado de una forma distinta, lo cual se verá reflejado en el cuerpo, incluyendo la nariz, donde más fácil y notorio se identifica el problema.

En cuanto a la obtención de cosas materiales:

- *Tabique ancho:* exceso de energía, y por lo mismo facilidad para obtener dinero o lo que se desea.
- *Tabique angosto:* tiene menor energía para trabajar, por lo tanto su forma de obtener las cosas se hará un poco más complicada y su ganancia será moderada.
- *Líneas en tabique:* hipoglucemia.

En la parte inferior de la nariz se encuentran el corazón y los pulmones, al igual que los deseos y las ambiciones.

- *Nariz promedio:* equilibrio en la forma de lograr las ambiciones personales.
- *Nariz grande:* ego, poder, entusiasmo.

- *Nariz chica:* divertido, dinámico, agradable.

- *Nariz larga:* busca la belleza, ambicioso, buen olfato.

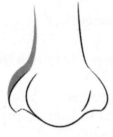
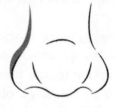

- *Nariz gorda y carnosa:* busca placer material.

- *Nariz circular en la punta:* vive bajo conflicto y le gusta estar rodeado de cosas bonitas.

- *Nariz en forma de flecha:* buscan el éxito y la fama del exterior.

- *Nariz con línea vertical al frente:* deficiencia de energía, se cansa fácilmente.

- *Nariz con línea horizontal al frente (en la parte superior o inferior de la nariz):* corazón roto, traumas, inconformidad.

- *Nariz con raíces saliendo de las fosas nasales:* ético y dedicado al trabajo.

Perfil

- *Sobresaliente:* hace cosas de forma nueva y diferente, progresivo.

- *Con tope:* necesita estar a cargo de la situación, liderazgo.

- *Pequeña:* cooperativo, sabe trabajar en equipo.

- *Punta levantada:* sigue direcciones, obtendrá las cosas después y no en el momento.

- *Caída:* dominante, se preocupa por el dinero sin razón.

- *Puntiaguda hacia arriba:* sentimentales, lloran fácilmente.

- *Puntiaguda:* quieren llegar al final de las cosas, viven de los porqués.

- *Cuadrada:* prácticos y siempre buscan no lo mejor, sino lo de valor.

Fosas nasales

- *Grandes y angostas:* esperan ser valiosos para los demás y disfrutan gastar.

- *Chicas:* son ahorrativos y piensan dos veces en gastar.

- *Hacia arriba:* buen gusto, buen olfato, tienen buen sentido de la belleza.

- *Gordas las esquinas:* disciplina en su dinero y sus cosas.

- *Carnosas las esquinas al igual que el contorno:* disciplinados, saben manejar su dinero.

Los pómulos

AUTORIDAD Y ORGULLO

Los pómulos son los hombros del rostro que sostienen la piel, los años, la juventud y la actitud frente a la vida. Existen dos áreas del pómulo: frontal y lateral.

- *Frontal (abajo de los ojos):* quieren que la gente los escuche.
- *Lateral (a los lados cerca de la sien):* suponen que la gente debe escucharlos.
- *Frontal y lateral:* obligan a los demás a que los escuchen.
- *Cachete frontal:* demandantes de una forma sutil.
- *Cachete lateral:* amigueros, falta de autoestima.
- *Falta de cachete, notorios los huesos de los pómulos:* autoritarios, poco tacto.
- *Pómulo marcado (presentan una diagonal marcada):* buscan aventurarse y experimentar.
- *Poco pómulo:* vive y déjame vivir.
- *Cachetes caídos:* ansiosos, buscan alimento para entretenerse.

Por otro lado, los cachetes se encuentran entre la mandíbula y los pómulos, es el lugar más importante para detectar el estado físico de los pulmones.

Si en esta zona detectamos decoloración, manchas, exceso de un color rojizo o vellosidad, etcétera, tiene que ver con un problema relacionado con una mala respiración, el cansancio, no vivir en el presente, mucho estrés, prohibiciones o problemas hormonales, los cuales son los factores principales.

Debemos mantener los cachetes firmes y con un color rosado pálido para estar sanos.

Los filtros

PAPÁ, MAMÁ, FERTILIDAD

Son las dos líneas verticales encontradas terminando la nariz. Éstas se forman en la gestación del rostro, y representan las dos fuerzas que nos dieron la vida (mamá y papá). Cuando la energía del padre predomina, las líneas son bien marcadas y bien formadas. Cuando la energía de la madre predomina, las líneas son sombrías, hay veces que no están bien formadas o están formadas muy sutilmente.

- *Filtros bien marcados (fuertes):* gran apetito por la comida, el sexo y la vida, buena fertilidad.

- *Filtros en forma triangular:* nacen con buena energía sexual pero se va perdiendo con el tiempo.

- *Filtros en forma triangular invertido:* nacen con mala energía sexual pero se va fortaleciendo con el tiempo.

- *Filtros en forma ovalada:* nacen con mala energía sexual, la ganan alrededor de los 30 años y la empiezan a perder a los 50 años.

- *Filtros sombríos o poco marcados:* pensadores, gentiles, poco sexuales, poco obsesivos.

- *Filtros con manchas o bigote en la mujer:* problemas hormonales o problemas en los órganos femeninos.

- *Filtros largos:* no se toman las cosas en serio.

- *Filtros cortos:* todo es sumamente importante.

Boca y labios

DAR Y RECIBIR DEL MUNDO, SISTEMA DIGESTIVO

La boca es el área más sensual, como el apetito de todas las necesidades en nuestra vida diaria. Expresa la generosidad y forma de dar y recibir, así como las represiones, y se relaciona con el sistema digestivo.

Para detectar que la boca tiene el tamaño natural, sólo tenemos que medir las comisuras de la boca con el centro de los ojos.

- *Boca natural:* generoso, buen sistema digestivo.

- *Boca natural carnosa:* muy generoso, dadivoso, ansioso, come mucha carne, mala digestión.

- *Boca pequeña y carnosa:* generoso aunque no dadivoso.

- *Boca pequeña y delgada:* problemas para recibir del exterior, desconfiado.

- *Boca angosta y labios grandes:* muy emocional, expresa fácil su inconformidad.

- *Boca labio superior grande:* dramático, fatalista con su vida.

- *Boca labio inferior grande:* deseo o represión sexual, buscan confort.

- *Boca grande y carnosa:* muy generoso, expresa fácilmente sus emociones.

- *Boca grande y delgada:* generoso económicamente, pero le es difícil expresar lo que siente.

- *Líneas en la boca:* da a los demás y no a sí mismo.

- *Bolsas a los lados:* sabe manejar su dinero.

Salud

- *Labio superior:* estómago, intestino delgado.

- *Línea divisoria entre los labios:* estómago.

- *Comisuras:* duodeno.

- *Labio inferior:* intestino grueso, colon.

- *Labios inflamados:* constipación, diarrea, estreñimiento, mala digestión.

- *Manchas, línea de la boca muy delineada:* hemorroides, úlceras.

- *Fuegos o heridas:* estrés, mala alimentación, cambio de alimentación, temperatura alta, exceso de grasa.

- *Saliva blanca en esquinas:* mala circulación, problemas en intestino delgado.

- *Áreas oscuras:* estancamiento en sistema digestivo.

Dientes

Madre, infancia, alimentación

Los secretos de la vida se revelan en los dientes. Ellos nos hablan de la alimentación que nuestros padres tenían, especialmente la madre, durante los nueve meses de gestación.

- *Dientes chuecos:* dificultades en el embarazo, probables conflictos entre los padres o tristezas en la madre.
- *Dientes salidos:* la alimentación de la madre tuvo excesos de azúcar y glucosa en el embarazo, falta de amor.
- *Dientes separados:* soledad, falta de aprobación en la infancia.
- *Dientes metidos:* la alimentación de la madre tuvo excesos de carne roja, huevo, pollo, sal. Enojo, frustración.
- *Caries:* falta de atención en la infancia.

Buena alimentación

Nosotros podemos conocer cuál es la dieta natural del hombre por la información que nos brindan los dientes. De los 32 dientes que tenemos, si nosotros tomamos una cuarta parte de éstos, tendremos:

- *Dos incisivos:* su función es triturar las frutas y verduras, por lo tanto son dos porciones.
- *Un canino:* su función es desgarrar la carne, representa una porción.
- *Cinco molares:* su función es machacar las semillas y cereales, se refiere a cinco porciones. De esta manera, observando la dieta anterior, obtenemos una alimentación bien balanceada.

MIRADA MÁGICA

Héctor 'Apio' Quijano

Combinaciones armónicas

ROJO	■	■	VERDE MILITAR
ROJO VINO	■	■	AZUL
MAGENTA	■	■	AZUL PÁLIDO
ROSA	☐	◻	AZUL PASTEL
NARANJA	■	■	AZUL TURQUESA
NARANJA PÁLIDO	■	■	AZUL MARINO
ORO	☐	■	ÍNDIGO
BEIGE	☐	■	VIOLETA
AMARILLO	☐	■	LILA
AMARILLO PASTEL	☐	■	GRIS
VERDE	■	■	CAFÉ
VERDE MENTA	☐	■	NEGRO
VERDE LIMÓN	■	☐	BLANCO
VERDE MARINO	■		

COMBINACIÓN ARMÓNICA ☐   ■ COMBINACIÓN INARMÓNICA

Color

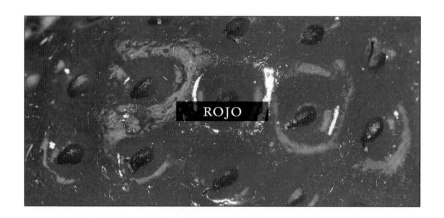

ROJO

NARANJA

AMARILLO

VERDE

AZUL

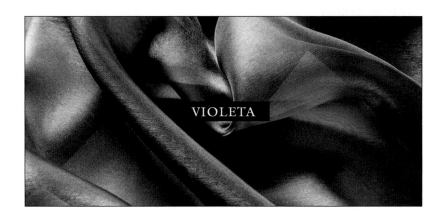

VIOLETA

GRIS

BLANCO

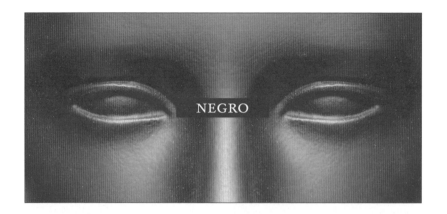

NEGRO

CAFÉ

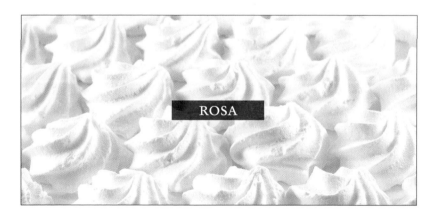

ROSA

MAGENTA

TURQUESA

Rueda Cromática

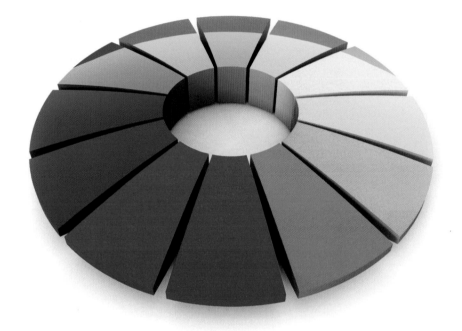

Lectura del rostro
Color del iris del ojo

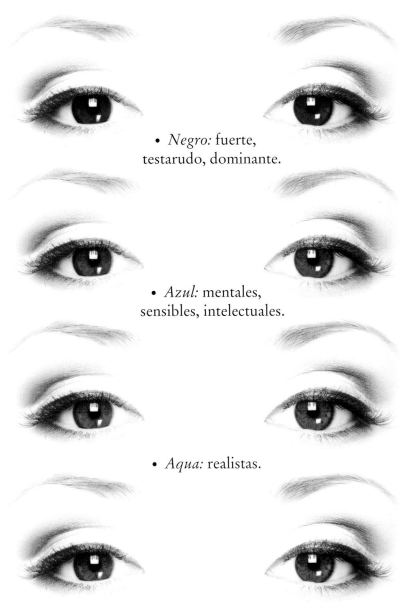

- *Negro:* fuerte, testarudo, dominante.

- *Azul:* mentales, sensibles, intelectuales.

- *Aqua:* realistas.

- *Gris:* pensadores.

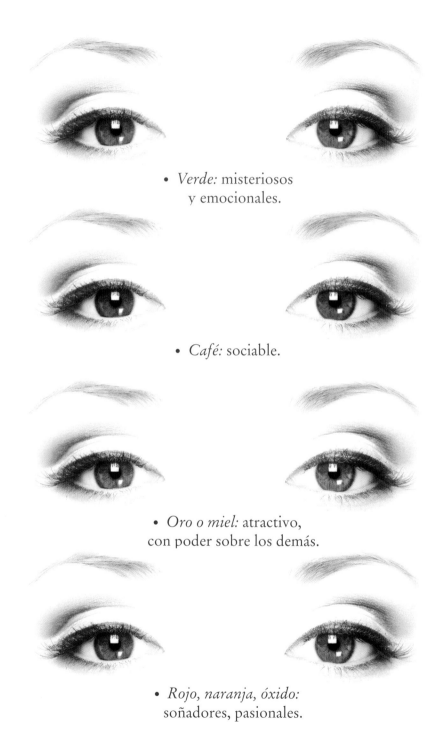

- *Verde:* misteriosos
  y emocionales.

- *Café:* sociable.

- *Oro o miel:* atractivo,
con poder sobre los demás.

- *Rojo, naranja, óxido:*
  soñadores, pasionales.

Lectura del rostro
PELO

- *Pelo grueso:* resistente valiente, fuerte personalidad.

- *Pelo monótono y plano:* miedo a atreverse a vivir.

- *Pelo chino:* busca atención, busca el modo de marcar una diferencia.

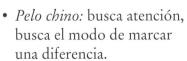

- *Pelo fino y delgado:* muy pasivo, fácil, accesible, inteligente.

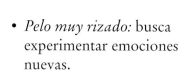

- *Pelo muy rizado:* busca experimentar emociones nuevas.

- *Pelo excesivamente limpio:* perfeccionista, meticuloso.

- *Pelo con orzuela:* falta de amor personal, busca independencia, falta de atención.

- *Pelo quebradizo:* enojo reprimido, exceso de carne roja.

- *Pelo rebelde:* va en contra de la vida, pasa por momentos difíciles.

Lectura del rostro
COLOR DE PELO

- *Café oscuro:* emocional, pasional, atrevido.

- *Rubio:* sensible, receptivo, vulnerable.

- *Rojizo:* pasional, atrevido, sexual.

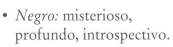

- *Castaño claro:* poco aventurado.

- *Negro:* misterioso, profundo, introspectivo.

• *Grisáceo o canas de joven:* precoz, maduro.

• *Gris:* trabajan cierres en la vida.

• *Luces naturales en el pelo:* Persona cambiante.

Barbilla o mentón

PERSEVERANCIA

La barbilla es un área donde podremos descubrir la habilidad para materializar nuestros sueños, disciplina y fuerza.

- *Barbilla protuberante:* determinante y muy perseverante.

- *Barbilla amplia:* demandante.

- *Barbilla pequeña:* fácil de naturaleza, busca retirarse a corta edad.

- *Barbilla hacia arriba:* necedad.

- *Barbilla sumida:* luchan por no ser dominados y se defienden constantemente.

- *Barbilla cuadrada:* le gustan las emociones fuertes y la practicidad.

- *Barbilla redonda:* diplomacia y disposición.

- *Barbilla en punta:* indecisos, pero valientes al actuar.

Acné, manchas, lunares, pecas

ESTANCAMIENTOS Y REPRESIÓN

Acné

El acné nace de una forma más completa en la adolescencia y es en esta etapa cuando descubrimos lo que somos, lo que queremos y lo que el mundo está por ofrecernos. En esta etapa el cuerpo sufre cambios hormonales importantes, que ocasionan cambios en todos los estados (físico, emocional, mental y espiritual), pero no sólo eso, también la energía sufre cambios y alteraciones (todo lo que nos pasa se exagera en la adolescencia). Es así como nacen los estancamientos en el cuerpo, y en el rostro es en donde se manifiestan, por lo que es el mapa perfecto para mostrar la represión.

Si no logramos liberar el acné en la adolescencia, llevaremos la represión a la edad adulta.

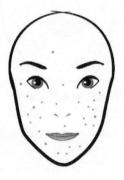

- *Acné en exceso:* mucha energía reprimida, demasiadas presiones de cualquier tipo.

- *Acné moderado:* momentos que sentimos frustración de no poder descifrar o expresar lo que sentimos.

- *Acné en frente:* analíticos al tomar decisiones, sienten culpa o bien toman una decisión que no se quería tomar.

- *Acné en cachetes:* cuando el orgullo es reprimido o juzgado.

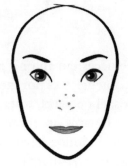

- *Acné en nariz:* la economía o cosas materiales se ven afectadas.

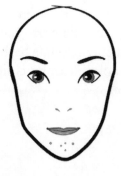

- *Acné en barbilla:* el camino o proyectos de vida se ven frustrados, o bien, la sexualidad.

Verrugas y lunares

Se trata de personas que queman demasiada energía de los órganos, con ello se crean bloqueos en éstos y se reflejan en la piel. Para ver qué tenemos bloqueado, simplemente podemos ver el área del rostro donde se encuentran y conocer la respuesta.

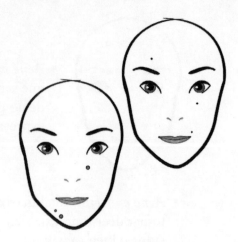

Pecas y manchas

Las manchas pueden aparecer por el sol o por deficiencia en el hígado, pero también por cambios drásticos de vida (alimenticios, emocionales, mudarse a otro país, religión, etcétera).

Las pecas aparecen en las personas extremistas, las que necesitan amor y no saben cómo pedirlo. La mejor forma de obtenerlo es por medio de lo dulce en la alimentación (caramelos, chocolates, fruta, azúcar, etcétera).

Los lunares aparecen como puntos importantes en nosotros, haciéndonos saber que en el lugar en el que se encuentran se tiene mucha fuerza y mucho poder. No desaproveches esa herramienta en tu vida, ya sea que se encuentre en la barbilla, el cachete, la frente, las orejas, etcétera. Sólo busca en el libro lo que significa esa parte y a eso se refiere.

Pelo

ESTRÉS, MIEDO, PERSONALIDAD, HORMONAS, CAMBIO

El pelo es el marco del rostro y es igual de importante que las demás áreas. Con él expresamos la personalidad que queremos demostrar. Estilo, color, forma, son claves para el cambio. (Ver referencia de color en anexo página 11)

- *Pelo lacio:* afirmación de tu simple y directa actitud en la vida.
- *Pelo monótono y plano:* miedo a atreverse a vivir.
- *Pelo chino:* busca atención y el modo de marcar una diferencia.
- *Pelo grueso:* resistente, valiente, personalidad fuerte.
- *Pelo fino y delgado:* muy pasivo, fácil, accesible, inteligente.
- *Pelo muy rizado:* busca experimentar emociones nuevas.
- *Pelo excesivamente limpio:* perfeccionista, meticuloso.
- *Pelo con orzuela:* falta de amor personal, busca independencia, falta de atención.
- *Pelo quebradizo:* enojo reprimido, exceso de carne roja.
- *Pelo rebelde:* va en contra de la vida, pasa por momentos difíciles.

COLOR

- *Café oscuro:* emocional, pasional, atrevido.
- *Rubio:* sensible, receptivo, vulnerable.
- *Rojizo:* pasional, atrevido, sexual.
- *Negro:* misterioso, profundo, introspectivo.
- *Grisáceo o canas de joven:* precoz, maduro.
- *Gris:* trabajan cierres en la vida.
- *Castaño claro:* poco aventurado.
- *Luces naturales en el pelo:* persona cambiante.
  (Ver referencia de color en el anexo página 14)

- *Calvicie frontal:* estrés y ansiedad, específicamente con el área femenina.

- *Calvicie media o trasera:* estrés y ansiedad con el área masculina.

Todos estos colores y formas pueden ser modificados por uno mismo al momento de hacerle al pelo natural un cambio, con ello, la personalidad es transformada.

Visión remota

Visión remota es un entrenamiento perceptual desarrollado para obtener información que no puede ser captada por los sentidos físicos ordinarios, lo cual nos permite percibir un objetivo desconocido ya sea un objeto, persona o lugar. Por lo tanto, esta técnica nos ayudará a responder, encontrar y descifrar cualquier duda que la mente pueda imaginar.

La técnica de visión remota nace a mediados de los años setenta, en el área de investigaciones del Standford Research Institute, cuando a Hal Puttof, físico americano, lo invitan a participar en un programa de investigación de habilidades paranormales, colaborando junto con Russell Targ, quien también es un físico americano, y así descubrir las habilidades psíquicas de Ingo Swan (quien originó el método visión remota controlada creando sólo esquemas), Uri Geller, Pat Price y Joseph Mc Moneagle, entre otros. Cuando estas capacidades psíquicas natas fueron probadas, especialmente en Swan, Geller y Moneagle, una agencia gubernamental americana decidió participar creando un proyecto llamado *Stargate*.

En este proyecto se desarrolló una manera estructurada de usar las capacidades psíquicas, que nombraron **visión remota.** Su objetivo principal era entrenar al personal militar y a civiles que trabajaban con el gobierno norteamericano para así adiestrar a espías psíquicos (que obtendrían información de otros países por medio de su percepción psíquica), que desarrollaran la capacidad de encontrar a personas secuestradas, perdidas o desaparecidas. Así, este método se convirtió en un programa muy utilizado por el gobierno durante 11 años.

La información que se obtiene por medio de visión remota (VRC) es a través de una línea de señales que la mente subconsciente detecta. El objetivo de VRC es facilitar la transferencia de información desde el subconsciente, a través del umbral de la conciencia, hasta la conciencia objetiva, donde es decodificada para que pueda expresarse de manera accesible y descifrable. Visión remota no es una técnica que esté enfocada a crear psíquicos, sino a que todos podamos expandir los parámetros de percepción.

Cuando yo tuve conocimiento de esta técnica, me llamó mucho la atención y quise empaparme del tema. Fue así como llegué a cursos de *Remote Viewing* con el maestro Ed Dames, quien fue uno de los creadores de la técnica que comparto en este libro y uno de los primeros cinco estudiantes de la armada americana entrenados por Ingo Swan. Aunque el rol de Dames originalmente consistía en monitorear las sesiones y analizarlas, recibió el entrenamiento completo de VRC, por lo que no sólo se convirtió en un practicante, sino también en maestro. Incluso, fue Dames quien decidió llevar a los extremos la técnica, poniendo como objetivos a aliens, UFOS, la Atlántida, etcétera.

De esta forma empecé a estudiar, practicar y a entrenarme en el tema, para poder impartirlo en cursos con la certeza de dar resultados. Debido a que yo contaba con capacidades psíquicas que me facilitaban practicar esta técnica, no sabía si sería tan sencilla su práctica para el público en general. Y, para mi sorpresa, al empezar a dar cursos a personas de todo tipo, descubrí que efectivamente era un método real y accesible para todos. Por eso me encantó la idea de compartirlo en este libro.

Lo más importante para entender la técnica es comprender que el cerebro recibe señales electromagnéticas que al fusionarse entre sí crean imágenes. Por lo tanto, el cerebro produce sólo imágenes, y estas imágenes son las que necesitamos obtener antes de que pasen del proceso visual al área descriptiva del lenguaje, distorsionando las señales y perdiendo el objeto real de lo que realmente queremos expresar. Para que podamos evitar la deformación en el proceso y así crear una conciencia de nuestro objetivo, prácticamente lo que tenemos que hacer es dejar de pensar. ¿Cómo hacerlo? No dándonos el tiempo suficiente para hacerlo y siguiendo las instrucciones que se mencionan más adelante.

Lo primero que los creadores de este método trataron de descubrir fue conocer cómo poder conectarnos con el objetivo a larga distancia, sin tiempo ni espacio de por medio. Por ejemplo, si estamos buscando las llaves del auto, el lugar en donde se encuentran será el objetivo a identificar. Si nosotros le diéramos la orden a la mente consciente de encontrar las llaves, lo que el pensamiento haría comúnmente sería intervenir dándonos una respuesta errónea, ya que entraría en juego la lógica, y seguramente ésta ya había fracasado en un principio, de otra forma las llaves no estarían perdidas.

Lo que estos investigadores hicieron fue buscar un método para que el consciente no participara en el proceso, es decir, dejarlo fuera y utilizar sólo la mente inconsciente. Esto lo lograron dando las coordenadas del posible lugar, lo que resultó todo un éxito, aunque algo complicado, así que intentaron usar solamente una serie de números que, aunque no se refirieran a nada, se pudieran conectar con el objetivo. De esta manera, primero se dieron cuenta de que con las coordenadas de un posible lugar acertaban, y después se percataron de que no eran necesarias las coordenadas para dar con el objetivo, simplemente se necesitaban algunos números que nos conectaran con éste. Así que decidieron usar una serie de números de ocho dígitos, aunque pudieran haber sido seis o cuatro, lo importante es crear un grupo de dígitos que nos conecte sólo con lo que estamos buscando.

Junto con las coordenadas, la técnica de visión remota, específicamente la de Ed Dames, que utiliza un conjunto de planillas para alcanzar el objetivo. El propósito de estas planillas es ordenar la información del subconsciente que surge a partir de nuestras respuestas espontáneas e impulsivas, evitando que éstas se procesen a través de la mente consciente.

Las planillas que emplea esta técnica son diferentes unas de otras, ya que cada una de ellas desmenuza las distintas partes con las que se va formando el objetivo principal. En ellas vamos a escribir características sobre el objetivo de una forma inconsciente, espontánea, al igual que dibujos, formas o garabatos que, aunque en un principio parezca que toda la información no tiene ni pies ni cabeza, al momento de completar el ejercicio se fusionan para identificar plenamente el objetivo, y se vuelve muy claro.

Esta técnica requiere de práctica, por lo que es probable que las primeras veces que se lleve a cabo no se encuentren los resultados con suficiente claridad, sobre todo con la lógica a la que estamos acostumbrados para obtener información. Ya lo veremos conforme vayamos avanzando en la explicación de la técnica.

Área 1

Primera etapa: reconocer las planillas.

Planilla A [ver página 147]

- Poner tu nombre.
- Fecha del ejercicio.
- Hora del ejercicio.

Dígitos referentes al objetivo
Es el conjunto de números que se utilizan para identificar el objetivo, para que el inconsciente pueda percibir la información requerida. Como mencionamos anteriormente, utilizaremos ocho dígitos escogidos aleatoriamente por nosotros mismos, se colocarán cuatro en la parte superior y cuatro en la parte inferior.

El recuadro de un lado es para hacer el primer ideograma (representación gráfica de una idea que el inconsciente manda, es decir, el garabato que surja espontáneamente). Se debe dibujar lo primero que llegue a la mente, y no se debe tardar más de dos segundos en hacerlo.

Segunda etapa

Es la etapa de las descripciones sensoriales. Con el propósito de familiarizarnos con estas descripciones y orientarnos en el vocabulario que mejor las plasman, durante esta etapa podemos auxiliarnos de un listado de palabras que nos ayudarán a describir con mejor precisión las sensaciones que vamos percibiendo. Este listado lo podrás encontrar en la página 154.

Ahora, estas palabras las iremos colocando a un lado de cada una de las características que definen el objetivo. Es recomendable escribir la mayor cantidad posible de cada una de las características, y que incluyan todos los sentidos, como puede ser:

- Textura
- Color
- Olor
- Sabor
- Temperatura
- Sonido
- Dimensión (cuatro palabras como mínimo)
- Movimiento
- Densidad
- Primer impacto: ¿cómo te sentirías estando físicamente en ese lugar o situación? (una palabra).

Ideas concretas (IC). Se escriben las primeras ideas de lo que podría significar el resultado. Cuando estamos usando la mente inconsciente, el consciente puede intervenir dándonos ideas concretas, como por ejemplo, manzana, perro, palmera, etcétera.

Cuando esto suceda, simplemente escribiremos esas ideas en el área donde aparece IC, y después soltaremos la pluma y la volveremos a tomar para continuar con nuestro trabajo. Esto se convierte en una orden al consciente para que, cada vez que quiera intervenir, sea suspendido.

TERCERA ETAPA

Hacer el primer bosquejo o dibujo en 15 segundos. A diferencia de la primera etapa, un bosquejo es un dibujo un poco más elaborado, ya que ahora disponemos de más tiempo; sin embargo, no deberás utilizar tu mente consciente.

Planilla B [ver página 149]

Claves de los aspectos.
[X] Poner en un cuadro la x sobre la parte más importante de tu bosquejo.
[A] Segunda parte más importante.
[B] Tercera parte más importante.

Estas claves ayudarán a desmenuzar la imagen para poder sacar información más detallada de cada uno de los aspectos de nuestro objetivo.

Ideas concretas (IC). Al igual que en la primera etapa, si el consciente nos manda alguna idea concreta, la desechamos y seguimos con el ejercicio.

Cuarta etapa

Realizar un nuevo ideograma durante tres segundos, enfocado sólo en la parte en la que se colocó la x en el dibujo anterior, pero ahora tratando de ser más descriptivo.

Planilla C [ver página 150]

Nuevamente escribimos todas las palabras sensoriales que se encuentran en el inconsciente del punto x.

- Texturas
- Colores
- Olores
- Sabores
- Temperaturas
- Sonidos
- Dimensiones (cuatro palabras como mínimo)
- Primer impacto (una palabra)

Quinta etapa

Hacer un bosquejo analítico del punto x a partir de la información obtenida en la etapa anterior, incluyendo alguna línea, forma o figura que intuyas hace falta.

SEXTA ETAPA

A partir de nuestro bosquejo, ahora describiremos aspectos más claros del mismo.

Planilla D (aspectos) [ver página 152]

En esta etapa no se puede utilizar la lámina de las palabras, ya que se pierde mucho tiempo en ello. Por lo tanto, conforme vaya apareciendo en tu mente la información, ésta se va colocando en la planilla, evitando poner en el mismo renglón todas las palabras:

Sensorial — dimensional — primer impacto

Sensorial	dimensional	primer impacto
Húmedo	_____	_____
_____	Alto	_____
_____	_____	Miedo

Sensorial: describir todo lo que tus sentidos puedan percibir.

Dimensional: densidad, tamaño, forma, profundidad, movimiento.

Primer impacto-personal: cómo nos sentimos en ese lugar.

Emociones (E): las emociones o sensaciones que tú percibas de quien se encuentre en el lugar o espacio.

Tangible (todo lo que se puede ver): por ejemplo, aquí ya puedes mencionar que existe una persona, objeto o paisaje, pero sin concretar, como perro, palmeras, manzana, etcétera.

Intangible (todo lo que no se puede ver): acciones, verbos, por ejemplo: sentado, pensando, viaje, vuelo, corazonada, credibilidad, etcétera.

IC primera suposición (información concreta): como ya lo hemos visto, por ejemplo, perro, manzana, pez.

IC/S analogía (relacionar todos los conceptos): igual que el anterior, se trata de información concreta, sólo que aquí pondremos eventos, por ejemplo, torres gemelas, concierto musical, etcétera.

Planilla E [ver página 153]

Analizar todos los bosquejos y poner todos sus detalles en un solo dibujo, dándole vida al objetivo buscado.

Utilizando sólo la etapa 3 de la planilla c, tomaremos las imágenes de éstos o de éste y haremos el dibujo. Tendrán que ser exactamente iguales a los de la planilla c, la única manera que podrán ser alterados es cambiando su tamaño.

En esta primera parte vamos a hacer varios ejercicios utilizando recortes de alguna revista o bajando imágenes simples de Internet (pelota, árbol, volcán, animal, perfume, etcétera). Es muy importante que las imágenes no contengan muchos objetos o demasiada información, porque se hará más confuso.

Antes de iniciar, hay que pedirle a un familiar que recorte 10 imágenes, y poner en la parte superior de cada una de ellas ocho dígitos, no importa cuáles, pero deben ser los mismos dígitos y en el mismo orden que se escribirán en el sobre donde será guardada la imagen, de tal forma que no veamos la imagen y sólo veamos los dígitos o números de referencia. Una vez que tengamos las imágenes con sus dígitos, hay que pedir a la persona que nos está ayudando, que guarde las imágenes en los sobres, los cierre y escriba en ellos los números. Aquí el ejemplo:

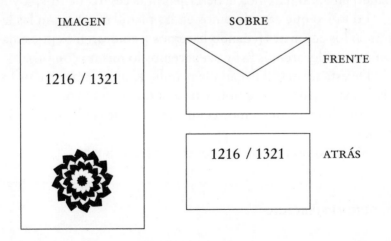

A continuación vamos a sacar fotocopias de las planillas A, B, C, D y E (de preferencia sacar varias copias para los próximos ejercicios, pero por el momento sólo necesitaremos una de cada una). Recomiendo primero leer las instrucciones de cada planilla para más adelante trabajar en el ejercicio.

Área 2

Cuando buscamos un objetivo sencillo, como el de una sola imagen, el inconsciente seguramente detectará sólo esa imagen, pero en el momento en que nosotros decidamos crecer y aumentar la capacidad en visión remota, buscaremos imágenes algo más complejas, las que contendrán más información que sólo un objeto. Es por ello que la planilla B se señala con una "x" en la parte más importante del bosquejo, después la "A", indicando aquella parte que le sigue en importancia y, por último, la "B".

Para poder obtener toda la información necesaria, es importante separar los elementos de la imagen y dar una descripción completa de éstos, por lo tanto, el nuevo ejercicio consta de las planillas A, B, C y D, nuevamente C, D, y una vez más C, D, terminando en E, así daremos la descripción necesaria de tu x, A y B.

Lo único que cambiaremos en las planillas C y D son las letras en los corchetes (cuando hacemos x colocaremos [x], si hacemos A colocaremos [A] y así hacemos lo mismo con [B]).

De esta forma, al llegar a la planilla E, juntaremos todos los esquemas analíticos dándole vida a nuestro objetivo.

Por último, sumaremos la información de la planilla D, sólo IP, E y T.

Así es como encontraremos el resultado final.

Segundo ejercicio

Para este segundo ejercicio, hay que buscar nuevamente imágenes en revistas o Internet, pero esta vez más complejas, por ejemplo, una casa en la playa, un parque de diversiones, una ciudad, etcétera. A estas imágenes hay que colocarles ocho dígitos, al igual que a los sobres. Sacamos copias de las planillas al igual que el ejercicio anterior: se requerirá una copia de las plantillas A, B y C, y tres tantos de las plantillas C y D.

Área 3

Ya que descubrimos cómo funciona el inconsciente, vamos a trabajar de una forma más compleja y tener así la posibilidad de crear objetivos reales.

A partir de este momento ya no utilizaremos imágenes, sino que nos enfocaremos en objetivos invisibles. Esto significa que no conocemos el resultado, por ejemplo, cosas o personas perdidas, el futuro, el remedio o cura para una enfermedad, saber dónde vivir, encontrar el amor, etcétera. Para esto necesitaremos crear información clara para que el inconsciente la comprenda.

A esto se le llama CUE (es la información o las señales que nos ayudan a resolver el problema). Para ello necesitamos un producto específico (qué o a quién estamos buscando), es decir, la razón de nuestra búsqueda: ésta sería la persona perdida, secuestrada, enferma, el lugar para vivir o dónde encontrar a tu pareja, etcétera; un producto genérico (el tiempo y espacio en que deseas encontrarlo), y detallado (la característica más clara que el inconsciente nos vaya a dar para que nosotros reconozcamos la información, la característica más significativa, clave, única, etcétera). Todo esto lo encontraremos en la planilla CUE que incluye una serie de palabras que podemos aplicar para encontrar el objetivo y la manera de utilizarlas.

Es preferible no usar artículos, conjunciones o preposiciones, ya que al agregarlos, el inconsciente puede desviarse haciendo confuso el objetivo. En vez de éstos utilizaremos diagonales, por ejemplo:

Quiero que Susana se cure de la migraña hoy, dándome la característica más significativa para encontrar su cura (aquí la mente se pierde con tanta información y puede que el resultado no sea nada asertivo).

Susana / tratamiento o cura / migraña / tiempo presente / característica clave.

Una vez que sabemos cuál es el objetivo, en una hoja blanca haremos nuestro CUE. Utilizaremos estas formas o las encontradas en la planilla CUE, para darle vida al objetivo deseado. Otro ejemplo sería saber si la persona está viva o muerta.

Apio / tiempo presente / ahora

En cuanto a nombres, no es necesario poner el apellido, ya que el inconsciente tendrá claro a quién nos referimos. En el caso de objetos, podríamos ser más específicos usando colores:

Bufanda roja / perdida / ubicación presente o ahora / característica más significativa

Ya que escribimos nuestro CUE en la hoja en blanco, le pondremos ahí mismo los ocho dígitos:

2736 / 7859

Apio / tiempo presente / ahora

Haremos el mismo procedimiento de las planillas (sólo escribiendo en la planilla A los ocho dígitos, como siempre, y no el CUE).

En el momento en que nosotros creamos los CUE, ya no usamos las planillas, sólo copiaremos los procedimientos en hojas blancas (aprenderlas o memorizarlas).

Igualmente, debemos dejar de usar la hoja de descripciones, ya que en ella perdemos tiempo valioso que podríamos estar aprovechando en obtener nueva información (sólo podremos usarla cuando hagamos planillas).

PLANILLA A

Nombre _____

Fecha _____

Hora _____

PRIMER IDEOGRAMA (sólo dos segundos).

Números de referencia:

_____

_____

_____

_____

¡Ahora!

ETAPA 2.
En cada categoría enlista la mayor cantidad de descripciones sensoriales que se presenten en el momento.

• Texturas:

• ¿ICs?

• Colores:

- Olores:

- Sabores:

- Temperaturas:

- Sonidos:

- Dimensiones, como mínimo cuatro
  (incluyendo moción y densidad):

- Primer impacto (PI) solamente una palabra
  (cómo sería la sensación si te encontraras físicamente ahí):

Planilla B

Página _____

Etapa 3. (Bosquejo libre – 15 segundos)

• ¿ICs?

PLANILLA C

Página _____

Colocar la [x], [a], [b], etcétera.

ETAPA 1 DE [ ]
(Leer lo siguiente siempre que
se empiece y después crear el
nuevo ideograma)

Iniciando con [ ]
algo debe ser percibido

ETAPA 2 DE [ ]
(nuevamente colocar todas las palabras
sensoriales del inconsciente)

• Texturas:

• Colores:

• Olores:

• Sabores:

• Temperaturas:

• Sonidos:

• Dimensiones (mínimo cuatro):

• Primer impacto (PI):

ETAPA 3 DE [ ]
(bosquejo analítico – tomar la información
de la Etapa 2 y plasmarla en este espacio).
Se pueden agregar en esta área arquetipos
espontáneos para tu bosquejo.

PLANILLA D

Página _____

ETAPA 4 DE [ ]

Sensorial	Dimensiones	Primer impacto	Emociones	Tangible	Intangible	Info. concreta	Info. concretas
S	D	PI (Ellos)	E (Tuyos)	T	IT	IC	IC/s

Información después de este punto no podrá ser confiable

PLANILLA E

Página _____

ETAPA FINAL

(Combinar todos los bosquejos analíticos en este espacio)

Finalmente colocar toda la información de IP, E y T de las planillas D.

Descripciones

TEXTURAS
Airoso, erizado, bache, áspero, hoyuelo, bordeado, plumoso, película, peluche, velloso, borroso, gaseoso, cristal, arenoso, grasoso, duro, peludo, correoso, grumoso, mate, metálico, húmedo, esponjoso, pulposo, aceitoso, polvoso, espinoso, resistente, rugoso, gomoso, semiduro, semisuave, filoso, satinado, liso, resbaloso, suave, aterciopelado, mojado, maderoso.

COLORES
Ámbar, beige, verde, azul, naranja, morado, blanco, transparente, violeta, rojo, rosa, turquesa, gris, negro, fluorescente, dorado, café, reflectivo, luminoso, pálido, brillante, bronceado, sombrío, pálido, oscuro, desvanecido, amarillo, moteado, estampado, tenue.

AROMAS
Aromático, terroso, químico, fresco, húmedo, dulce, cítrico, mohoso, encerrado, viejo, acre, rancio, punzante.

SABOR
Blando, amargo, químico, fresco, rancio, salado, agrio, pedroso, dulce, maderoso, pastel.

TEMPERATURA
Ambiente, árido, caluroso, cálido, caliente, fresco, frío, húmedo, habitación, tibio, corporal.

SONIDOS

Disparo, explosión, zumbido, eco, goteo, sonido, ritmo, campanada, pájaros, silencio, metálico, velocidad, repique, timbre, fuego, sordo, retumba, tumulto, gritos, aullidos, salpicadura, chapoteo, chirriante, crujiente, chillón, golpeteo, puñetazo, tintineo, voces, rechinido, agua, viento, machacar, moler, borboteo, agudo, grave, chiflido, silbido, cancioncilla.

DIMENSIONES

Arriba, cruzado, angular, circular, atrás, adelante, abajo, grande, en círculos, cerrado, curvo, curvilíneo, cilíndrico, profundo, denso, diagonal, bajo, vacío, encerrado, lejos, rápido, plano, pesado, alto, superficial, horizontal, enorme, dentro, adentro, ligero, largo, vuelta, mediano, movimiento, angosto, cercano, oblicuo, apagado, encendido, abierto, fuera, afuera, oval, terminado, puntiagudo, rectangular, hueco, lento, pequeño, espiral, cuadrado, tenso, estirado, ancho, tubular, debajo, vasto, vertical, ondulado, amplio.

PRIMER IMPACTO

Miedo, alerta, sorprendido, ansioso, aburrido, divertido, confundido, contenido, curioso, depresivo, desorientado, mareo, soñador, excitado, familiar, temor, amistad, terror, felicidad, impresionado, interesado, intimidado, intriga, agradable, soledad, perdido, nervioso, observador, pacífico, agradecido, reflexivo, respetuoso, reverente, triste, choque, sorpresivo, tenso, pensativo, cansado, poco familiar, abrumado, agradable.

Simbología de la visión remota

A través de varias investigaciones y estudios basados en los ejercicios realizados por el equipo de Visión Remota, se descubrió que existen símbolos que expresan información similar. En mi experiencia, estos símbolos han sido de gran ayuda, ya que han tenido un 80 % de acierto en mis trabajos, por lo tanto aquí les muestro algunos de ellos que considero son los más importantes:

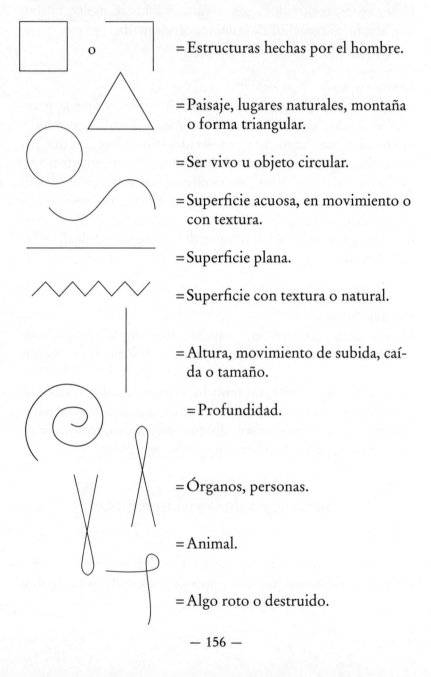

= Estructuras hechas por el hombre.

= Paisaje, lugares naturales, montaña o forma triangular.

= Ser vivo u objeto circular.

= Superficie acuosa, en movimiento o con textura.

= Superficie plana.

= Superficie con textura o natural.

= Altura, movimiento de subida, caída o tamaño.

= Profundidad.

= Órganos, personas.

= Animal.

= Algo roto o destruido.

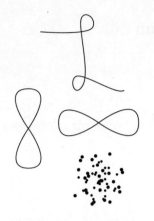 = Muerte.

= Infinito.

= Polvo, tierra, lluvia, nieve, virus, bacterias, aire, espacio.

Cuing

Palabras que percibe el inconsciente:

- Disponible
- Clave
- Significante
- Reconocible
- Accesible
- Trayectoria
- Procedimiento cercano
- Vocación
- Primero
- Santuario
- Final

- Pareja
- Anterior
- Salud
- Siguiente
- Curso
- Más
- Óptimo
- Impacto —economía
- Ahora—tiempo en que empezaste tu sesión

- Grande, pequeño
- Presente, pasado, futuro
- Tiempo presente —hoy
- Visible
- Único
- Hogar primario —ciudad —colonia
- Residencia primaria—casa

Formas para crear un CUE

Si la persona está viva o muerta:

Nombre de persona / tiempo presente / ahora o próximo o anterior.

Para localizar un objeto:

Nombre del objeto que queremos encontrar / ubicación presente / característica más significativa, reconocible, única, clave, visible / ahora o próximo o anterior.

Solucionar diferentes dudas:

Nombre de la persona / curso óptimo / salud o pareja o vocación o santuario / ahora o próximo o anterior.

Determinar estado de salud:

Nombre de la persona / curso óptimo / salud / tratamiento-cura / presente disponible / próximo o anterior. Producto / específico / genérico / detallado

PLANILLA A

Nombre *Héctor Q*
Fecha *14/nov/2008*
Hora *10:30 am*

PRIMER IDEOGRAMA (sólo dos segundos).
Números de referencia: 1389, 3487
¡Ahora!

ETAPA 2
En cada categoría enlista la
mayor cantidad de descripciones
sensoriales que se presenten en
el momento.

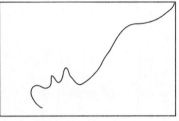

- Texturas: *picudo, rasposo, erizado, resistente.*

- ¿ICs? *estrellas.*

- Colores: *blanco, metálico, negro y transparente.*

- Olores: *inoloro.*

- Sabores: *metal.*

- Temperaturas: *frío, fresco.*

- Sonidos: *campaneo, estruendo, fuerte, agudo.*

- Dimensiones, como mínimo cuatro (incluyendo moción
  y densidad): *cuadrado, pequeño, muchos, alto,
  cercano, caída.*

- Primer impacto (PI) solamente una palabra
  (cómo sería la sensación si te encontraras físicamente ahí):
  susto.

PLANILLA B

Página _____

ETAPA 3. (Bosquejo libre – 15 segundos)

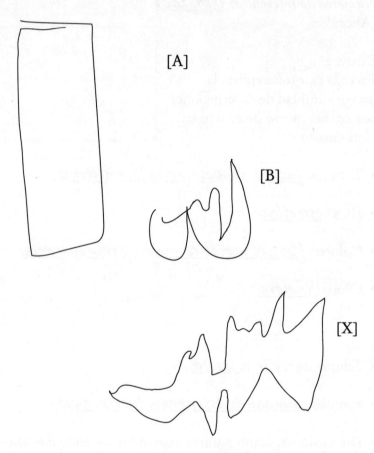

[A]

[B]

[X]

• ¿ICs?

Planilla c

Página _____

Colocar la [x], [a], [b], etcétera.

Etapa 1 de [_X_]
(Leer lo siguiente siempre que
se empiece y después crear el
nuevo ideograma)

Iniciando con [_X_]
algo debe ser percibido

Etapa 2 de [_X_]
(nuevamente colocar todas
las palabras sensoriales del
inconsciente)

- Texturas: _picudo, resistente, cortado, liso, punzante._

- Colores: _blanco, negro, rojo, gris._

- Olores: _metálico._

- Sabores: _insaboro._

- Temperaturas: _frío, templado._

- Sonidos: _agudos, tintineo, fuerte._

- Dimensiones (mínimo cuatro): _pesado, plano, varios, pequeño, cayendo._

- Primer impacto (PI): _susto._

ETAPA 3 DE [X]
(bosquejo analítico – tomar la información
de la Etapa 2 y plasmarla en este espacio).

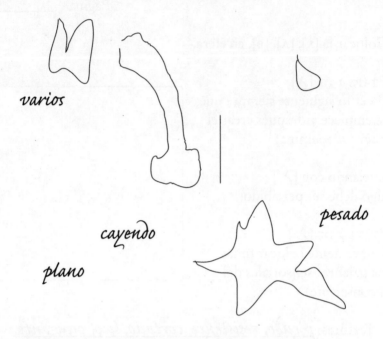

varios

cayendo

pesado

plano

En esta área se pueden agregar arquetipos
espontáneos para tu bosquejo.

Planilla D

Etapa 4 de [X]

Página _____

Sensorial	Dimensiones	Primer impacto	Emociones	Tangible	Intangible	Info. concreta	Info. concretas
S	D	PI	E	T	IT	IC	IC/s
		(Ellos)	(Tuyos)				
ruidoso							
liso							
chico							
punzante							
	miedo						
				objeto	tirar	cuchillo	
					caer	machete	
metálico							

Información después de este punto no podrá ser confiable

— 163 —

Planilla C

Página _____

Colocar la [x], [a], [b], etcétera.

Etapa i de [A]
(Leer lo siguiente siempre que
se empiece y después crear el
nuevo ideograma)

Iniciando con [A]
algo debe ser percibido

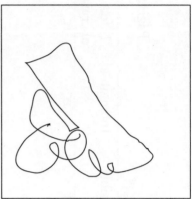

Etapa 2 de [A]
(nuevamente colocar todas las palabras sensoriales del inconsciente)

- Texturas: *rasposo, rugoso, suave, bordeado.*

- ¿ICs?: *ventana.*

- Colores: *café, oscuro, blanco, chocolate.*

- Olores: *madera, barniz.*

- Sabores: *madera.*

- Temperaturas: *templado.*

- Sonidos: *ninguno.*

- Dimensiones (mínimo cuatro): *cuadrado, rectángulo,
  plano, grande, pesado.*

- Primer impacto (PI): *bonito.*

ETAPA 3 DE [X]
(bosquejo analítico – tomar la información
de la Etapa 2 y plasmarla en este espacio).

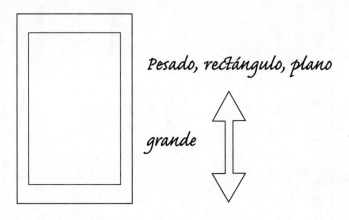

Pesado, rectángulo, plano

grande

Se pueden agregar en esta área arquetipos
espontáneos para tu bosquejo.

PLANILLA D

ETAPA 4 DE [A]

Página _____

Sensorial	Dimensiones	Primer impacto	Emociones	Tangible	Intangible	Info. concreta	Info. concretas
S	D	PI (Ellos)	E (Tuyos)	T	IT	IC	IC/s
café	grande	interesante		antiguo	puesto poner colgar	cuadro	
madera	pesado			objeto		pintura	
liso							

Información después de este punto no podrá ser confiable

Planilla c

Página _____

Colocar la [x], [A], [B], etcétera.

ETAPA 1 DE [*B*]
(Leer lo siguiente siempre que
se empiece y después crear el
nuevo ideograma)

Iniciando con [*B*]
algo debe ser percibido

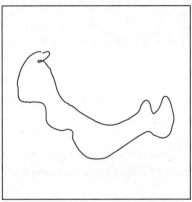

ETAPA 2 DE [*B*]
(nuevamente colocar todas las palabras sensoriales del inconsciente)

- Texturas: *tela, metálico, rasposo.*

- Colores: *gris, negro, plata.*

- Olores: *viejo.*

- Sabores: *seco.*

- Temperaturas: *ambiente, frío.*

- Sonidos: *ninguno.*

- Dimensiones (mínimo cuatro): *curvo, cuadrado, estático,
  grande, largo.*

- Primer impacto (PI): *cómodo.*

ETAPA 3 DE [*B*]
(bosquejo analítico – tomar la información
de la Etapa 2 y plasmarla en este espacio).

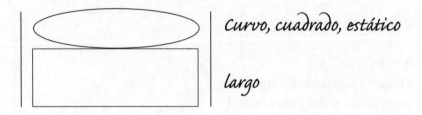

Curvo, cuadrado, estático

largo

Se pueden agregar en esta área arquetipos
espontáneos para tu bosquejo.

PLANILLA D

ETAPA 4 DE [B]

Página _____

Sensorial	Dimensiones	Primer impacto	Emociones	Tangible	Intangible	Info. concreta	Info. concretas
S	D	PI (Ellos)	E (Tuyos)	T	IT	IC	IC/s
húmedo raspozo tela	lejano estático	cómodo tranquilo			útil		
viejo	pesado cuadrado			objeto			
metálico						mesa	

Información después de este punto no podrá ser confiable

Planilla E

Página _____

(Combinar todos los bosquejos analíticos en este espacio)

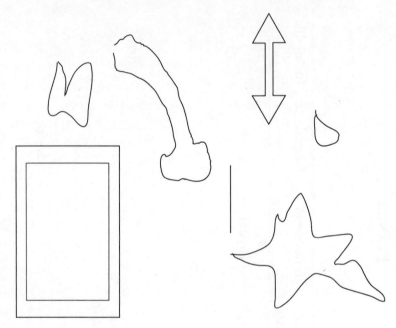

PI-Miedo, interesante, cómodo, tranquilo.
E-Ninguna.
T-Objeto

Resultados probables

A) Puerta de cristal / cristales cayendo.
B) Espejo roto/ mueble.
C) Mueble metálico, mesa/ sillón.

Finalmente colocar toda la información de IP, E y T de las planillas D.

Testimonios

Hay personas que hacen la diferencia en tu vida, y el *Apio* hizo la diferencia en la mía. Su luz —porque es un ser de luz— no sólo me ha iluminado a mí, que tengo el privilegio de ser su amiga y de tenerlo cerca... su luz contagiará a todo el que hoy está leyendo este libro en el que, seguramente, como en todo lo que hace, ha dejado el alma, un alma que vino a este mundo para enseñarnos muchas cosas, para iluminarnos el camino y recordarnos siempre que venimos a este mundo para ser felices y que el amor más grande está dentro de nosotros mismos. No hay que buscar fuera porque todo está dentro de nosotros. ¡Gracias, *Apio,* por existir y por darme el privilegio de ser tu amiga!

Blanca Martínez
La Chicuela

Apio, en el camino había piedras, hoy las veo y sigo tropezando. Pero yo decido el camino; antes no podía verlas y creo que tú sí. Fuiste luz en mis ojos cuando más oscuro estaba el panorama. *Apio,* cada vez que te encuentro sé que me haces bien. Me alejo pero sé que siempre estás pidiendo por mí. Gracias.

Eres una rama de amor, una rama dorada y fuerte, sigue ahí hasta que Dios te quiera en sus raíces...

Te quiero

Rey (Reyli)

Pienso de verdad que es más fácil rodearnos de tanta negatividad que encontrar en la vida cosas o personas que nos hagan sentir bien y nos den paz, que es una necesidad encontrar puertas en nuestro camino que se abran en buena ley y nos reciban y ayuden con palabras de amor, tranquilidad, ilusión y esperanza. Esto fue lo que recibí de ti y ojalá en este mundo existieran sólo personas como tú y podríamos confiar en una vida mejor. Gracias, Héctor, por haberte conocido.

Verónica Castro

Tengo más de 15 años de conocer al *Apio* y su transparencia emocional y energética siempre han sido no sólo muy aparentes sino que también son tangibles, características que no he encontrado en nadie más a lo largo de mi camino hasta ahora. Cuando pienso algo acerca de él o relacionado con él, trato de nunca hacerlo cerca de su persona física ya que sé que de nada sirve el que sólo sea un pensamiento privado. Le agradezco que me haya contagiado de esta energía espiritual que posee, aunque sea un poco, que para mí ya es bastante.

Daniela —*Kabah*

¡Mi luz, inmensa luz! ¡Mi paz! ¡Mi alma! ¡Mi calma! ¡Mi casita! ¡El amor más inmenso! Mi hermanito, no tengo palabras para decirte lo que eres para mí y lo que significa tenerte en mi vida, crecer a tu lado, aprender de ti. En este libro te comparto con todos ¡tienes luz para todos! ¡Eres luz para todos! ¡Eres maestro para todos! Pero jamás dejarás de ser mi chiquito, mi hermanito menor; mi mayor debilidad.

Federica —*Kabah*

La vida me ha dado cosas maravillosas por las que estoy agradecida, pero más agradecida estoy con esta vida y el universo por ponerme en el camino a un ser que, aparte de ser mi amigo y mi hermano, es un ser de luz que ha iluminado mi camino cuando más lo necesitaba. Gracias por ser el motor de mi crecimiento espiritual. Te felicito por éste y todos tus logros.

Te amo

María José

Después de 17 años de estar con el *Apio* puedo decir con libertad que no conozco otra persona tan dedicada al crecimiento del alma. Ha sido un honor ser testigo de su evolución como ser humano; estoy orgulloso de todo lo que ha logrado y feliz de que haya decidido compartir su conocimiento con el resto del mundo.

Sergio O'Farrill —*Kabah*

Pocas veces me he encontrado con una persona tan especial, con el *Apio* no tengo necesidad de explicarme, me conoce y me reconoce aun sin hablar. Me llena de emoción saber que con este libro, además de regalarnos un pedacito de su mundo mágico, el *Apio* nos regala un pedacito de él.

Hanna —*Ha-ash*

En mi vida he conocido a alguien que me conociera más que yo... con tan sólo una mirada. *El Apio* tiene un regalo único y ese regalo tan grande será el que ahora podrá compartir con todos ustedes y es su sabiduría, su corazón y su despertar.

Te amo

Ashley —*Ha-ash*

Apio, hay gente que pretende ser buena, pero no lo logra, gente que a veces es buena pero ni siquiera lo pretende, gente buena de medio tiempo, gente buena *free lance* y gente verdaderamente buena.

Tú eres de los últimos.

Eres de la clase de persona que no puede ver una injusticia, que contesta una llamada a las tres de la mañana para escuchar a un amigo —eso si no te lanzas a su casa en pijama—, haces un favor a alguien antes de que te lo pida, te quedas platicando con un viejito porque nadie le hace caso en una reunión, le echas porras a cualquier persona cuando sabes que alguien lo acaba de hacer sentir mal, eres capaz de dividir el último chicle en cuatro pedazos al grado de practicar técnicas de origami, nunca dices no, prefieres sanar a cualquier persona antes que sanar las finanzas, salvas a un perro de la calle aunque arriesgues tu propia vida y puedes llegar a olvidarte completamente de ti mismo por ayudar a los demás.

Y a pesar de que esta especie está en extinción (sin un *Green Peace* de por medio), tienen el gran don de contagiar su bondad a toda la gente que los rodea.

Eso has hecho tú, primeramente hiciste que la gente bailara, cantara, se enamorara, olvidándose de sus problemas por un concierto, un disco o una canción, unidades de tiempo diferentes, pero igual de válidas a la hora de ayudar.

Y hoy haces tu maestría de ayuda con un libro que reparte tu bondad y conocimiento a todo aquel que decida abrirlo.

Quiero decirte que he leído varios libros con información para conocer a las personas; pero éste es tan completo y tan profundo, que si los demás son un mapa del ser humano, el tuyo es un mapamundi.

Te deseo con este proyecto la misma suerte que la cantidad de gente que has ayudado.

Con mucho cariño y admiración

Yordi Rosado

Nunca me imaginé que *Apio,* un muchacho a quien conocí por pertenecer a un exitoso grupo musical, me hiciera reflexionar y cuestionarme acerca de mis gustos, necesidades y forma de ser y hasta de saber el porqué de mis colores favoritos y mi manera de ser y pensar. Es de admirar que existan jóvenes con esta capacidad de hacer que uno pueda descubrir quiénes somos y quiénes nos rodean. A medida que iba leyendo este maravilloso documento me iba enterando de quién soy realmente y me encantó, ya que me identifica tal cual soy. Te felicito, *Apio,* por esta tarea que espero sea la primera de varias, ya que uno siempre se exige más y sin duda así será tu meta. Gracias por escribirlo.

Juan José Origel

Hasta hace poco más de un año, nada de lo que está en este libro me hubiera parecido medianamente coherente. Soy honesto. Admiro el tesón de Héctor y su voluntad para enfocarse en sus objetivos, pero los temas aquí tratados jamás hubieran llamado mi atención. El tiempo (como los grupos musicales de juventud) pasa inexorablemente y hoy, no me pregunten por qué, las técnicas aquí descritas cobran una casi imposible cordura. No vayamos más lejos; hay sólo un camino: intenten lo que propone el autor, sin prejuicios. Después hablamos.

René Franco —Conductor y actor

Eres una persona con una vibra tan linda y una sonrisa tan amable, que cualquiera se siente cercano a ti. Admiro lo que haces y el camino que has buscado y encontrado. Gracias por estar entre la gente a la que quiero, por ser un lindo ser humano, por tu luz y buenos deseos siempre.

Ludwika Paleta —Actriz

Héctor: hacen falta más seres como tú en el mundo. Afortunadamente estás en México y cerca de la gente que te quiere y te necesita. Siempre he obtenido de ti un consejo certero, lleno de amor y buenos deseos. Estoy seguro de que este libro llenará de luz a muchas personas.

Jaime Camil —Actor

Si estás interesado en profundizar sobre cualquier tema abordado en este libro, así como obtener información sobre los cursos y seminarios que imparto alrededor de distintas disciplinas, por favor envía un correo a:

libromiradamagica@yahoo.com.mx

o escribe al Facebook de *Mirada mágica.*

Mirada mágica de Héctor Quijano,
se terminó de imprimir en abril de 2010 en
Litográfica Ingramex, S. A. de C. V. Centeno 162-1
Col. Granjas Esmeralda, C.P. 09810, México, D.F.